# 国家治理现代化背景下的
# 公共服务体系建设

Construction of Public Service System under the Background of
Modernization of State Governance

邢 伟◎著

人民出版社

策划编辑：郑海燕
封面设计：吴燕妮
责任校对：周晓东

**图书在版编目（CIP）数据**

国家治理现代化背景下的公共服务体系建设/邢伟 著. —北京:人民出版社，
　2021.11
ISBN 978－7－01－023763－3

Ⅰ.①国…　Ⅱ.①邢…　Ⅲ.①公共服务-体系建设-研究-中国　Ⅳ.①D669.3

中国版本图书馆 CIP 数据核字（2021）第 187700 号

国家治理现代化背景下的公共服务体系建设

GUOJIA ZHILI XIANDAIHUA BEIJING XIA DE GONGGONG FUWU TIXI JIANSHE

邢　伟　著

人 民 出 版 社 出版发行
（100706　北京市东城区隆福寺街 99 号）

中煤（北京）印务有限公司印刷　新华书店经销

2021 年 11 月第 1 版　2021 年 11 月北京第 1 次印刷
开本:710 毫米×1000 毫米 1/16　印张:11.25
字数:150 千字

ISBN 978－7－01－023763－3　定价:60.00 元

邮购地址 100706　北京市东城区隆福寺街 99 号
人民东方图书销售中心　电话（010）65250042　65289539

# 序　言

公共服务是政府职能的主要内容,满足社会公众多层次多样化公共服务需求是社会现代化的重要体现。社会现代化程度越高,对应的公共服务体系也将更加健全、更为成熟。虽然在概念范畴的具体内涵和外延上有所差异,但世界各国均将公共服务作为联系政府和社会公众的重要桥梁与纽带,将提供公共服务视为维护社会稳定、促进社会公平的重要政策工具,将公共服务政策纳入国家治理的宏观调控体系。随着经济社会发展和国际经济一体化程度加深,公共服务的构建理念、功能定位和实现机制在更大范围内达成共识,其重要性也更为突出。

基本公共服务是公共服务的核心内容,其涉及领域、覆盖范围、服务内容、保障机制直接关系到公共服务体系的成熟程度和发展水平。同时,基本公共服务也是一个具有中国特色的概念,将公共服务区分为基本公共服务和非基本公共服务,政府重点保障基本公共服务供给,充分体现出我国发展的现实需要和阶段性特征。《国家基本公共服务体系"十二五"规划》首次正式提出基本公共服务这一概念,同时明确,享有基本公共服务属于公民的权利,提供基本公共服务是政府的职责。《"十三五"推进基本公共服务均等化规划》沿用"十二五"规划中的基本公共服务概念,并进一步明确,享有基本公共服务是公民的基本权利,保障人人享有基本公共服务是政府的重要职责。这既是对基本公共服务功能定位的权威界定和阐释,也是国家对保障基本民生需求的郑重承诺和保证。建立健全基本公共服务体系,推进基本公共服务均等化,是增进人民福祉、维护社会稳定、促进社会公平正义的迫切需要,是全面建设服务型政府、增强全体人民在共建共享发展中获得感的内在要求,也是推进国家治理体系和治理能力现代化的客观要求,对于实现第二个百年奋斗目标、实现中华民族伟大复兴中国梦都具有十分重要的意义。

党的十九大报告提出,到2035年基本公共服务均等化基本实现。党的十九届四中全会提出,要推进国家治理体系和治理能力现代化,其中重点要完善公共服务体系,健全幼有所育、学有所教、劳有所得、病有所医、老有所养、住有所居、弱有所扶等方面国家基本公共服务制度体系,增强基本公共服务可及性,推进基本公共服务均等化、标准化和法治化。这标志着,国家层面正式将公共服务制度纳入国家治理体系,将基本公共服务均等化视为国家治理能力现代化的重要内容,这是对公共服务制度和基本公共服务的最新表述,也是对公共服务制度的理念和认识的进一步升华。

我国已经进入新发展阶段,社会主要矛盾已经转化为人民日益增长的美好生活需要和不平衡不充分的发展之间的矛盾,在全面建成小康社会、实现第一个百年奋斗目标之后,乘势而上开启全面建设社会主义现代化国家新征程、向第二个百年奋斗目标进军。"十四五"及未来一段时期,既是我国迈向基本实现社会主义现代化的关键阶段,也是深入推进国家治理体系和治理能力现代化的重要时期,对健全公共服务体系提出了更新更高的要求。在坚持和完善中国特色社会主义制度、推进国家治理体系和治理能力现代化的新时代背景下,公共服务体系如何构建和完善,基本公共服务均等化如何实现,都是需要深入研究和思考的重大命题。总体而言,新发展阶段要求构建供需结构更加匹配、框架内容更为健全、城乡区域更加均衡、质量水平极大提升的公共服务体系。在城镇化加快推进、人口老龄化程度不断提高、城乡居民公共服务需求多样化、新一代科技应用更为广泛的背景下,如何将公共服务制度更好地纳入国家治理体系是一项全新课题。

本书全面总结教育、医疗卫生、就业和社会保障、养老服务、社会救助、公共文化体育等领域的发展成效,科学分析当前存在的突出问题,深挖其形成原因,系统提出构建更加科学合理、覆盖城乡居民、均衡优质普惠的公共服务体系,包括进一步发展的目标方向、总体思路、重点领域、重大改革和关键举措等,突出公共服务政策的时效性和可操作性。本书坚持问题导向和目标导向,聚焦当前公共服务体系建设的关键问题,包括基本公共服务体系内容、基本公共服务标准、社会力量参与公共服务供给、缩小贫困地区公共服务差距、公共服务领域体制机制改革等,同时系统分析"十四五"及未来一段时期国内外环境变化对公共服务发展的影响,系统地提出了国家治理现代化背景下推进公共服务体系和能力现代化的总体构想,以及相应的宏观调控体系、制度体系、政策体系和保障体系。

展望未来,国家治理体系和治理能力现代化在深入推进,公共服务体系建设也仍然在路上。只要始终坚持以人民为中心的发展

思想,抓住人民最关心最直接最现实的利益问题,坚守底线、突出重点、完善制度、引导预期,制定实施基本公共服务标准,优化资源配置,规范服务流程,提升服务质量,确保基本公共服务覆盖全民、兜住底线、均等享有,人民群众的获得感、幸福感、安全感就会更加充实、更有保障、更可持续。到 2035 年基本公共服务实现均等化的目标将会顺利达成。

邢 伟

2021 年 5 月

# 目　　录

# 第一章　公共服务体系的一般分析框架

公共服务是政府为满足公民生存和发展需要,运用法定权利和公共资源,面向全体公民或特定群体组织协调或直接提供的产品和服务。公共服务体系是指公共服务范围和标准、资源配置、管理运行、供给方式以及绩效评价等所构成的系统性、整体性的制度安排。公共服务体系由诸多相互联系的要素构成,充分体现出系统性、统一性和协调性。目前,公共服务体系主要包括公共教育、医疗卫生、劳动就业、养老托育、社会保险、社会救助、社会福利、文化旅游、体育健身和住房保障等方面,涵盖基本公共服务和非基本公共服务。

## 第一节　公共服务体系的概念和供给责任

### 一、概念界定

公共服务是一个广泛使用的概念。按照最广义的解释,凡是存在市场失灵、需要政府干预的领域都属于公共服务。从各方对公共服务概念的使用看,可以将公共服务的含义归纳为以下三种:(1)公共服务就是公共品。公共品是指同时具有非排他性和非竞争性的物品。当然,同时满足非竞争性和非排他性特征的纯公共品是很少的,更多的产品是具备非竞争性或非排他性的准公共产品。(2)公共服务就是公用事业。这是一种较为狭义的公共服务,主要是指城市供水、供电、燃气等服务,也就是通常所说的公用事业或者市政服务,是指涉及公共利益及有限公共资源配置并具有自然垄断特点的行业。(3)广义的公共服务。公共服务不仅包括上述两种服务,还包括了那些不具有非竞争性和非排他性,但市场供应不能达到合意水平的产品和服务。由于各国的历史、发展水平、政府管理方式及市场成熟程度不同,公共服务的内容界定和分类都不尽相同,公共服务供给制度安排(供给主体、投融资方式以及管理体制和运行机制)也有所差异。

基本公共服务是公共服务的组成部分,即公共服务的子集。基本公共服务重点强调两个基本特征:一是基本公共服务的价值基础是对公民基本权利的保障。一般认为,社会领域有六项基本公民权利是国家必须予以保障的,这就是生存权、健康权、居住权、受教育权、工作权和资产形成权。这些社会权利涉及人的生理需求和安全需求的较低层次,关系到人们的最根本利益,决定了公民在社会竞争中的起点、机会和条件的公平性,是政府必须承担的社会责任的底线,也构成了基本公共服务的保障范围。二是基本公共服务供给保障的责任主体是政府。政府只有通过保障充足、优质的基本公共服务,才能证明自己存在的价值与合法性。

基本公共服务范围一般包括保障基本民生需求的教育、就业、社会保障、医疗卫生、计划生育、住房保障、文化体育等领域的公共服务,广义上还包括与人民生活环境紧密关联的交通、通信、公用设施、环境保护等领域的公共服务,以及保障安全需要的公共安全、消费安全和国防安全等领域的公共服务。为突出体现"学有所教、劳有所得、病有所医、老有所养、住有所居"的要求,《国家基本公共服务体系"十二五"规划》将基本公共服务的范围确定为公共教育、劳动就业服务、社会保障、基本社会服务、医疗卫生、人口计生、住房保障、公共文化等领域的基本公共服务。《"十三五"推进基本公共服务均等化规划》在沿袭"十二五"时期概念界定的基础上有所创新,将基本公共服务明确为基本公共教育、劳动就业创业、基本社会保险、基本医疗卫生、基本社会服务、基本住房保障、公共文化体育等领域(见图1-1)。

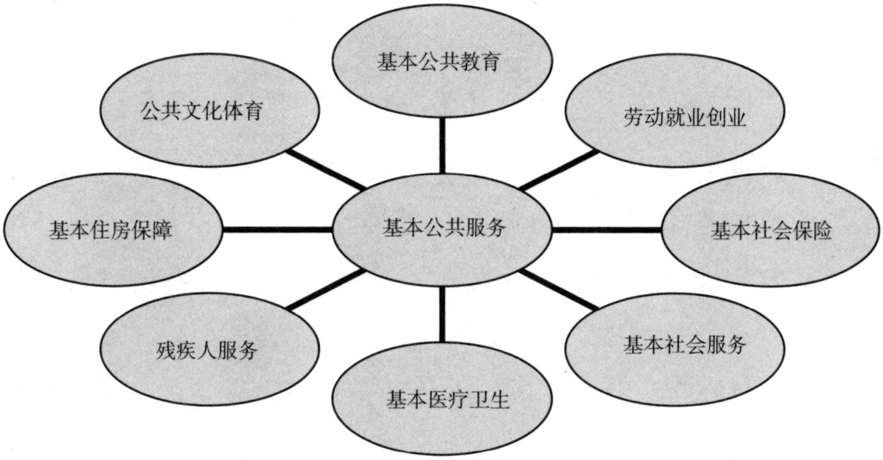

图1-1 基本公共服务领域

## 二、供给责任划分

公共服务供给制度安排既要解决政府和市场的界限划分,

还要解决由哪一层级政府来负责提供的问题。供给责任划分的主要依据有四个方面：一是需求偏好的异质性。不同地区的不同居民对公共服务的需求偏好存在差异，由地方政府负责提供更容易满足不同的需求偏好。在给定的需求信息结构下，每种公共品都应该由其对应的不同层级政府来提供，因为它们在消费者不同偏好的服务选择上具有比较优势。二是信息不对称。地方政府具有信息优势，能够更有效率地提供公共服务。由于信息不完全，中央政府在提供公共物品过程中存在失误的可能性，容易造成对公共物品的过量提供或提供不足。三是有利于提高居民参与度。居民对中央政府的政策影响力较低，而对当地政府的政策制定和执行具有一定的影响力。因此，基本公共服务由中央政府提供，容易加剧"免费搭车"问题，而在分权体制下，居民有更强的动力参与有关决策和监督，更加清晰地显示有关偏好。四是促进了基本公共服务供给的竞争。基本公共服务的属性特征决定了难以完全依靠"以钱投票"的方式引入高强度激烈的市场竞争。采用分权化的基本公共服务供给机制，可以引入地方政府之间的"标杆竞争"，对公共服务供给效率具有较大影响。

各级政府在公共服务供给中的职责划分主要考虑两项基本原则：一是受益和负担相对称。按照经济学理论，政府提供的公共服务应尽量与受益区域内居民的消费偏好相一致。因此，中央政府要承担起全国性公共产品的提供，地方政府主要负责供给地方性公共产品。由于大部分公共服务的受益范围都是地区性的，因此由地方政府来负责提供公共服务符合效率原则，能够较好地满足当地居民的公共服务需求偏好。二是事权和财力相匹配。任何层级的政府履行基本公共服务供给职责,都应当具备与之相适应的财力。按照一国的财税体制,地方政府财权可以不完全与事权相对等,但应当通过上级政府转移支付等手段,确保其财力与事权相匹配。因此,尽管义务教育、医疗卫生等基本公共服务的举办和管理仍然坚持了属地化原则,但中央政府却承担了主要的财政支出责任。

## 第二节　公共服务体系的理论基础

### 一、基于公共产品理论的经济学分析

公共经济学将社会产品区分为公共产品和私人产品,其中公共产品又进一步细分为纯公共产品和准公共产品。公共产品理论认为,纯公共产品在现实生活中并不多,大多数公共产品都是以准公共产品的形式存在,即在效用上具有一定的分割性、在消费上具有一定的竞争性或在受益上具有一定的排他性。基于公共产品的基本属性,市场失灵现象不可避免地存在,这就要求作为公共利益代表者的政府在供给方面承担起相应责任。同时,公共产品理论也指出,公共产品的供给责任主体和生产主体并不必然一致,政府供给并不等同于政府或公共部门直接生产。公共产品也可以交由私营部门或社会组织来生产,但政策实践如何实行则取决于经济效益和社会效益的综合评判。针对政府失灵、市场失灵和第三方失灵等,公共产品的供给与生产以及如何规避或减少失灵的负面效应,将需要综合决策。

针对基本公共服务均等化,公共产品理论具有较好的解释力,

主要体现在社会力量参与公共服务供给上,以更好实现基本公共服务均等化和优质化。公共服务领域同时存在纯公共产品、准公共产品和私人产品,三类产品的供给责任和生产行为可以有不同组合形式。纯公共产品的供给责任主体是政府,最好由政府或公共部门直接生产,适度允许社会力量参与生产,并对生产行为建立约束机制。准公共产品的供给责任主体是政府和社会力量,部分由政府或公共部门直接生产,鼓励社会力量参与生产,政府与社会力量之间形成良好的合作关系。私人产品直接由市场供给和生产,政府仅需履行行政监管职能。综合而言,对于社会力量参与公共服务供给,政策态度不仅是开放允许,而且是鼓励支持,同时允许形成有限市场,各种社会力量在参与公共服务供给中存在一定程度的竞争(见图1-2)。

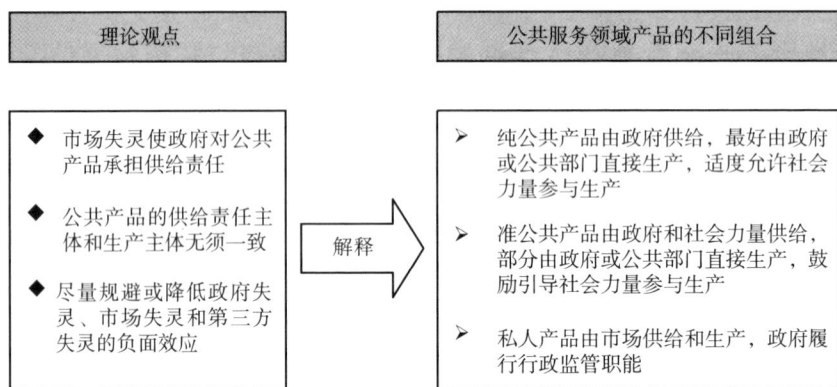

图1-2 公共产品理论的经济学解释

## 二、基于新公共管理理论的管理学分析

新公共管理理论兴起于20世纪70年代,其历史背景之一就是政府提供社会公共服务的低效率。该理论的核心思想体现在五个方面:一是要倡导服务理念,政府不是发号施令的行政管理机

构,而是以人为本的服务供给者,公众是公共服务的享受者,因此公共服务要以公众需求为导向。二是公共服务要采取分权和授权的形式,政府和社会力量在公共服务中要进行合理、有效地分工,政府的职能重心是制定政策而非执行政策,是"掌舵"而非"划桨",并且集中提供那些市场做不了也做不好的服务。三是公共服务提供中要引入竞争机制,让更多的私营部门和社会组织参与进来,通过竞争来提高服务的质量和效率。四是公共服务要实行绩效考核,公共服务资源的使用要注重投入产出评估和加强成本效益分析,建立起明确的绩效目标控制。五是公共服务要倡导透明公开,增强公共服务提供的透明度,使不透明行使公共权力的机会最小化。

新公共管理理论的核心思想在社会力量参与公共服务供给方面也有较强说服力。首先,社会公共服务项目的确定要充分考虑社会公众的实际需求,不能"一刀切"、过于追求形式主义,以需求来确定的社会服务供给才会更具生命力。其次,政府要围绕如何更好地促进社会力量参与公共服务供给,制定出保障有力的法律法规和切实可行的政策措施,除少数必须由政府承担、提供责任外,尽量让更多的社会力量担当公共服务的提供主体。再次,社会力量参与公共服务供给要有开放、公正、平等的政策环境,任何法律法规和政策措施的出台要充分征询和采纳社会力量的意见和建议,制度规范和政策实施要尽可能地做到公开透明。最后,公共服务领域的公共资源也要注重绩效评价,无论是由政府或公共部门使用,还是交由社会力量来使用,都要在实现社会效益的基础上提高经济效率(见图1-3)。

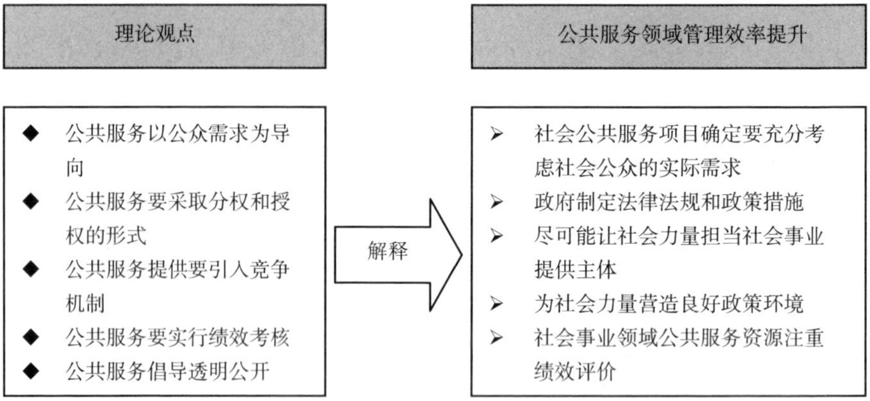

| 理论观点 | | 公共服务领域管理效率提升 |
| --- | --- | --- |

- ◆ 公共服务以公众需求为导向
- ◆ 公共服务要采取分权和授权的形式
- ◆ 公共服务提供要引入竞争机制
- ◆ 公共服务要实行绩效考核
- ◆ 公共服务倡导透明公开

解释 →

- ➢ 社会公共服务项目确定要充分考虑社会公众的实际需求
- ➢ 政府制定法律法规和政策措施
- ➢ 尽可能让社会力量担当社会事业提供主体
- ➢ 为社会力量营造良好政策环境
- ➢ 社会事业领域公共服务资源注重绩效评价

图1-3　新公共管理理论的管理学解释

### 三、公共服务的政府职能定位

政府对公共服务负有保障和监管责任,具体细分为以下五项职能:一是立法职能。政府通过立法强制性建立基本公共服务制度,以及相关标准及实施政策。二是规划职能。政府通过制定基本公共服务体系规划,阐明发展战略方向和重点,强化规划实施,以切实发挥规划对基本公共服务发展的先导作用。三是提供职能。政府通过直接举办基本公共服务,满足城乡居民最基本的公共服务需求,以较好地实现基本公共服务均等化。四是扶持职能。政府通过资金补贴、税费优惠、贷款贴息等手段,承担公共服务供给的财政兜底责任,同时鼓励和引导社会资本进入,拓宽基本公共服务供给的筹资渠道,推动基本公共服务的健康可持续发展。五是监管职能。政府对基本公共服务实施社会性监管和经济性监管,前者主要包括行业标准、安全、质量等方面的监管,后者主要包括准入、服务收费、履行普遍义务行为等方面的监管(见图1-4)。

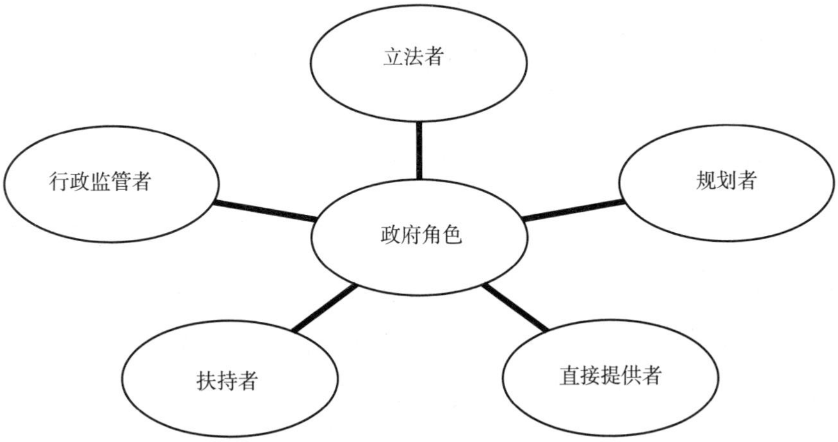

**图 1-4　政府在基本公共服务供给中的职能定位**

## 第三节　基本公共服务均等化的内涵与主要特征

### 一、基本公共服务均等化的核心要义

基本公共服务均等化是指全体公民都能公平可及地获得大致均等的基本公共服务,其核心是促进机会均等,重点是保障人民群众得到基本公共服务的机会,而不是简单的平均化。

第一,底线是基本。基本公共服务均等化,目的是为包括中低收入者在内的全体人民提供最基本的公共服务,致力于在教育、医疗卫生、劳动就业、社会保障、文化体育、社会服务、住房保障等方面提供满足人民群众基本需求的公共服务,政策目标是兜住基本的民生底线,保障人民群众的最基本公共服务需求。基本公共服务首先保障的是最基本的需求,而非中高端需求,解决的是一个有没有的问题,而非好不好的问题,解决的是作为人民群众应当享有的基本公共服务的问题,因此基本公共服务均等化的底线是基本。

第二,核心是服务。政府提供基本公共教育、基本劳动就业创业、基本社会保险、基本医疗卫生、基本社会服务、基本住房保障、基本公共文化体育、残疾人基本公共服务等基本公共服务,核心目的是为人民群众提供基本的服务,满足人民群众的基本需求,提升人民群众的获得感、幸福感和安全感,促进经济社会的平稳发展。为人民群众提供普遍可及、相对均等的基本公共服务是提升人民群众生活水平的重要抓手,也是满足人民日益增长的美好生活需要的重要抓手。

第三,目标是均等化。基本公共服务均等化的根本目标是促进公共服务的均等化,公共服务的均等化有三个方面的含义:一是服务质量的均等化,服务质量的均等化要求政府部门提供的基本公共服务无论在纵向供给还是在横向供给上都要保证相对一致的服务质量,不可厚此薄彼搞特殊化,服务质量的均等化尤其需要注意区域间和城乡间的服务质量差异,努力推进横向上的区域间及纵向上的城乡间的基本公共服务的均等化供给。二是服务数量的均等化,服务数量的均等化要求对于可量化的基本公共服务,无论在东部、中部还是西部,无论在城市还是乡村,都应该提供相对均等的基本公共服务,不搞差别化对待。三是服务范围的均等化,尽管经济社会发展速度有快慢,不同的城市及乡村发展速度也有快慢,但是基本公共服务的供给不仅在质量和数量上要相对均等,在供给范围上同样需要追求相对均等的目标,公共服务均等化的根本目标是促进基本公共服务在区域间及城乡间的合理分布,切实保障和改善落后地区的民生水平,让落后地区的人民群众能够享受到与发达地区人民群众同样的服务。

**二、基本公共服务均等化的主要特征**

基本公共服务均等化是指政府等公共部门使用社会公共资源,向社会提供满足公民公共需求的、价值含量均等的公共产品和公共服务,并致力于保障公民享有和消费基本公共服务的机会均等和结果大致均等。基本公共服务均等化是社会公平正义的伦理价值需要。基本公共服务是扩展个人能力的基础,基本公共服务所涵盖的义务教育、基本医疗等无不与人享有实现生活基本功能的可行能力以及个人发展能力密切相关。因此,促进基本公共服务均等化不能仅从经济效率的角度来评价,它也是实现社会公平正义的需要,体现了人类社会所追求的伦理价值。

第一,基本公共服务均等化不是平均化。平均化是对公共服务资源进行同等份额地分配。基本公共服务均等化并不等于所有居民都享有没有任何差异的基本公共服务,而是从基本人权角度出发,关注机会均等和结果相对均等。由于城乡之间、区域之间的经济地理特征、历史文化传统等不同,对基本公共服务的需求偏好也存在一定差异,因此基本公共服务供给存在一定差异也是合理的,但这种差异应当主要反映需求的多样性,差距保持在可接受的范围内,而且不影响社会公平正义。在实践中,尤其不能将基本公共服务均等化片面理解为财政投入均等化,实际上不同地区的基本公共服务供给成本是不一样的,投入的平均化往往会造成结果的不均等。

第二,基本公共服务均等化体现机会均等。机会均等是指全体社会成员作为社会契约的签订方,在接受政府提供的公共服务方面具有大致均等的机会。所有社会成员在基本公共服务的享有方面必须起点公正,无人被排除在外,都能享受到政府提供的基本公共服务。尽管每个人的天赋和能力不同,资源占有也不尽相同,但享受基本公共服务的机会应该是均等的和无差异的。

第三,基本公共服务均等化是最低标准的均等化。基本公共服务均等化最终体现为结果相对公正,强调的是最低标准的均等化。就我国实际而言,在较长的历史阶段,基本公共服务均等化不可能也无法实现全国城乡无差异化和区域无差异化,而应该是满足现阶段基本公共服务需要的最低标准无差异化。也就是说,均等化是一种底线服务,原则上保证底线完全平等,即上不封顶,下要保底。

第四,基本公共服务均等化强调标准动态调整。基本公共服务范围和标准的确定应当符合一国的历史文化传统和现实国情国力,妥善处理尽力而为和量力而行的关系,既要保障城乡居民的基本公共服务需求,又要避免脱离发展阶段的贪大求洋。什么服务可以纳入基本公共服务,最低标准是什么,应该随着经济社会发展水平不断提高而动态调整。因此,基本公共服务均等化的实现将是一个渐进的过程,应当按照由小及大、从低到高、先易后难的原则稳步推进。


## 第四节 公共服务体系建设与实现共同富裕


实现全体人民共同富裕既是我国第二个百年奋斗目标的重要内容,也是中国特色社会主义制度优越性的集中体现。中国特色社会主义进入新时代,我国社会主要矛盾已经转化为人民日益增长的美好生活需要和不平衡不充分的发展之间的矛盾。新时代背景下,共同富裕被赋予了新的时代内涵,目标内容、政策体系和实现路径更为明确、更加具体,对公共服务体系建设也有了更新的功能诉求和时代要求。加强公共服务体系建设,采取针对性更强、覆盖面更大、效果更明显的举措,大幅提升幼有所育、学有所教、劳有所得、病有所医、老有所养、住有所居、弱有所扶等方面民生福祉,提高公共服务质量水平,有助于在共建共享发展中更好促进全体人民共同富裕。

第一,健全公共服务体系,让全体人民过上幸福美满生活,是促进共同富裕的应有之义。共同富裕就是要让全体人民共享改革发展成果,践行发展为了人民的基本理念,实现人的全面发展,这是社会主义本质的核心要求。在教育、医疗卫生、养老等民生领域建立健全一系列制度安排,提供优质均衡普惠的公共服务,是共享改革发展成果的主要体现形式。随着社会主要矛盾发展变化,人民对美好生活需要的内涵不断丰富、层次不断提升,公共服务体系建设的目标和重点已经超出了原先物质文化的层次和范畴,从追求"量"的满足逐步向"质""量"并重转变,从解决"有没有"向更多地解决"好不好"转变,这也是更好促进共同富裕的客观要求。

第二,健全公共服务体系,提升劳动者的健康体质和文化素质,为促进共同富裕提供人力资源支撑。实现共同富裕需要全体劳动者的共同努力和辛勤付出,更需要大规模、高素质、可持续的劳动力资源投入,这是促进经济社会发展和社会财富增加的动力源泉。公共服务体系将提高人口综合素质作为长期坚持的政策导向,构建覆盖生命全周期的人力资本投资和公共服务保障机制,通过加强出生缺陷综合防治和加大婚检、孕检、产前筛查与新生儿筛查力度来提高出生质量,通过推进教育现代化、建设全民终身学习型社会来提高教育素质,通过深入推进健康中国建设、构建与老龄化和城镇化相适应的医疗卫生服务体系来提高健康水平,通过以社会主义核心价值观引领文化建设来提高文明素养。全面系统提升劳动力的知识技能和综合素养,为促进共同富裕提供源源不断的人才保障和智力支撑。

第三,健全公共服务体系,不断增进社会稳定与公平正义,为促进共同富裕营造良好社会氛围。共同富裕不是同步富裕,而是允许一部分地区、一部分人先富起来,先富带动后富,逐步实现共同富裕,要求构建好先富带动后富的政策体系和实施路径。公共服务体系是先富带动后富的重要实现形式之一,通过公共财政支持、无偿或低偿提供公共服务来增强低收入群体对改革发展成果的共享,通过保障基本、兜住底线的机制安排来保证社会公众的基本生存需求,通过发展公共教育来阻断贫困的代际传递和促进社会阶层流动,通过发展医疗卫生来化解疾病的致贫风险和提升全民健康水平。我国迎来了从站起来、富起来到强起来的伟大飞跃,进入了先富带动后富的重要阶段,健全更加公正合理、科学高效的公共服务体系尤为关键。

第四,健全公共服务体系,推动社会领域产业发展,为促进共同富裕培育新动能。共同富裕需要高度发达的物质基础与之相适应,要求推动经济高质量发展,提高经济发展质量和效率,培育新的发展动能和增长点。公共服务体系建设不仅推动社会事业的不断进步,也推动社会领域幸福产业的快速发展,形成事业和产业分工协作、互促共进的良好局面。随着居民消费结构的升级,以旅游、文化、体育、养老等产业为代表的幸福产业蓬勃发展,在增强人们幸福感的同时,对拉动消费增长、促进经济转型升级、培育发展新动能等方面发挥出不可替代的作用。作为服务业的重要组成部分,幸福产业的发展质量在很大程度上影响服务业发展质量。而且幸福产业的蓬勃发展有利于增加就业,让人们在劳动中收获更多幸福感。

# 第二章 当前公共服务体系的总体评价

近年来特别是党的十八大以来,我国高度重视保障和改善民生工作,始终坚持以人民为中心的发展思想,构建起覆盖全民、比较成熟的公共服务体系,全力推进公共服务重点任务、保障工程和体制机制创新,各级各类公共服务设施不断改善,基本公共服务制度更加健全,基本公共服务项目和标准得到全面落实,服务范围不断拓展,总体规模不断扩大,结构布局逐步优化,保障能力不断增强,质量水平逐步提高,人民群众的获得感、幸福感和安全感明显增强。

## 第一节 公共服务体系的制度变迁

### 一、对中央层面出台政策的梳理和评述

长期以来,我国公共服务供给实行高度集中的计划管理体制。公共服务的供给基本上由政府统包统揽,各级政府不仅承担全部公共服务的供给责任,而且由政府设立的公共部门即事业单位担

任生产主体,公共服务的供给和生产内化为政府的天然职责。这种管理体制下,公共服务供给的责任主体单一为政府,生产主体单一为事业单位,并且由政府来指导事业单位加以具体实现。因此,公共服务供给的总量、结构、质量和水平完全取决于政府的决策能力与资源配置能力。

20世纪90年代以后,在改革开放思潮的影响下,公共服务的生产领域开始出现一些积极探索。教育、医疗卫生、就业、养老、文化体育等领域尝试对私人部门和社会组织予以小范围开放,使市场和社会力量有机会参与公共服务的提供,推动公共服务生产主体的多元化。同时,事业单位改革也在尝试推进,以管理流程优化和效益效率提升为主旨,部分事业单位甚至推行市场化改革,形成完全融入市场的法人主体。2000年以后,这种探索步伐得到加快。

在客观实践的推动下,基于公共服务供给体制变革的发展趋势,政府部门开始对客观实践进行总结,在肯定各地做法的基础上相继出台鼓励性政策文件。2005年印发的《国务院关于鼓励支持和引导个体私营等非公有制经济发展的若干意见》首次提出,允许非公有资本进入社会事业领域,支持、引导和规范非公有资本投资教育、科研、卫生、文化、体育等社会事业的非营利性和营利性领域,支持非公有制经济参与公有制社会事业单位的改组改制。2010年印发的《国务院关于鼓励和引导民间投资健康发展的若干意见》明确提出,支持民间资本兴办各类医院等医疗机构,参与公立医院转制改组,支持民间资本兴办高等学校、中小学校、幼儿园等各类教育和社会培训机构,修改完善《中华人民共和国民办教育促进法实施条例》,落实对民办学校的人才鼓励政策和公共财政资助政策。为贯彻落实《国务院关于鼓励和引导民间投资健康发展的若干意见》文件,发改、财政、税务、工商等部门分别从投资、价格、税收、登记注册等方面出台了实施细则,增强了鼓励和引导政策的可操作性。

2012 年,国务院印发了《国家基本公共服务体系"十二五"规划》,首次明确提出"把基本公共服务制度作为公共产品向全民提供",规定了 9 大领域 44 类 80 项基本公共服务项目及其标准,并规定了政府作为公共服务供给责任主体的义务。同时提出,基本公共服务体系是指由基本公共服务范围和标准、资源配置、管理运行、供给方式以及绩效评价等所构成的系统性、整体性的制度安排。基本公共服务均等化是指全体公民都能公平可及地获得大致均等的基本公共服务,其核心是机会均等,而不是简单的平均化和无差异化。

2017 年,国务院印发了《"十三五"推进基本公共服务均等化规划》,规定了 8 大领域 81 项基本公共服务及其清单,同时明确了"十三五"期间的鲜明特征就是推进基本公共服务均等化。同时提出,国家基本公共服务制度紧扣以人为本,围绕从出生到死亡各个阶段和不同领域,以涵盖教育、劳动就业创业、社会保险、医疗卫生、社会服务、住房保障、文化体育等领域的基本公共服务清单为核心,以促进城乡、区域、人群基本公共服务均等化为主线,以各领域重点任务、保障措施为依托,以统筹协调、财力保障、人才建设、多元供给、监督评估等五大实施机制为支撑,是政府保障全民基本生存发展需求的制度性安排。

2018 年,中共中央办公厅、国务院办公厅印发了《关于建立健全基本公共服务标准体系的指导意见》,以幼有所育、学有所教、劳有所得、病有所医、老有所养、住有所居、弱有所扶等为统领,提出了涵盖公共教育、劳动就业创业、社会保险、医疗卫生、社会服务、住房保障、公共文化体育、优抚安置、残疾人服务等9个领域的国家基本公共服务质量要求,通过建立健全基本公共服务标准体系,明确中央与地方提供基本公共服务的质量水平和支出责任,以标准化促进基本公共服务均等化、普惠化、便捷化。

2019年,国家发展改革委等18个部门联合印发了《加大力度推动社会领域公共服务"补短板"强弱项提质量促进形成强大国内市场的行动方案》,提出着力补齐基本公共服务"短板"、增强非基本公共服务弱项、提升公共服务质量水平,切实兜牢基本民生保障网底,不断满足多样化民生需求,努力增进全体人民在共建共享发展中的获得感、幸福感、安全感。

从政策文件的逻辑脉络来看,公共服务供给具有以下三个方面的特点:一是公共服务供给的"分类"思想开始显现,政府开始提出基本公共服务和非基本公共服务的概念,并致力于基本公共服务的供给和生产,在承认非基本公共服务具有一定公共产品属性的基础上,为社会和市场充当非基本公共服务的供给主体提供一定程度的政策支持和鼓励。二是公共服务生产开始引入社会力量,非公有资本、民间资本、社会力量是各个阶段采用的不同称呼,但让非政府力量介入公共服务生产的基本思路没有变,扶持和鼓励的政策色彩越来越浓。三是公共服务领域开始引入营利性和非营利性的概念区分,这也是一种"分类"的体现,政府鼓励社会和市场参与非营利性公共服务的供给与生产,但不排斥营利性公共服务的供给和生产,应该是一种发展观念的革新。

## 二、对地方层面出台政策的梳理和总结

在国家规划界定的基础上,部分省(自治区、直辖市)根据经济社会发展水平和社会对公共服务的需求,纷纷出台了适合本地区情况的基本公共服务体系规划,其中对基本公共服务范围的界定有所调整,部分省(自治区、直辖市)在规划期限、形式和内容上进行了创新。"十三五"时期,全部 31 个省(自治区、直辖市)和新疆生产建设兵团都制定并印发了本地方的基本公共服务专项规划或基本公共服务清单。绝大部分省(自治区、直辖市)都按照国家规划的"规定动作",将国家确定的基本公共服务主要领域、服务项目和服务标准纳入本地方的基本公共服务清单。有 2/3 的省(自治区、直辖市)根据本地方的特点,调增了基本公共服务项目总数。广东省出台了《广东省基本公共服务均等化规划纲要(2009—2020 年)》,针对每个领域分别提出了建设目标及实施路径。海南省出台了《海南省基本公共服务均等化重点民生项目发展规划(2011—2015 年)》,突出推进基本公共服务均等化的重点民生项目发展。山东省出台了《山东省基本公共服务体系建设行动计划(2013—2015 年)》,将推进基本公共服务均等化具体到行动计划层面。

广东省将基本公共服务范围界定为,公共教育、公共卫生(含人口和计划生育)、公共文化体育、公共交通、公共安全和生活保障(含养老保险、最低生活保障、"五保"、残疾人保障)、住房保障、就业保障、医疗保障和生态环境保障。北京市的社会公共服务主要包括公共教育、公共卫生和基本医疗、就业服务、社会保障、社会福利和社会救助、公共文化、公共体育和公共安全。江苏省的基本公共服务主要包括基本公共教育、基本医疗卫生、就业与社会保险、社会救助与

福利、人口与家庭服务、基本住房保障、公共文化体育、基本公共交通服务以及环境保护的公共服务。浙江省将基本公共服务区分为基本生活服务、基本发展服务、基本环境服务和基本安全服务四大类,其中基本生活服务包括就业促进、社会保障和住房保障,基本发展服务包括教育、医疗卫生、人口和计划生育、文化体育,基本环境服务包括生活基础设施、公共信息基础设施和环境保护,基本安全服务包括生活生产安全、防灾减灾和应急管理。广西壮族自治区将基本公共服务分为基础服务类和基本保障类,前者包括公共教育、公共卫生、人口和计划生育、食品药品安全、公共文化体育、公共交通等6项,后者包括生活保障(含养老保险、最低生活保障、农村五保供养)、就业保障、医疗保障(含医疗救助)、住房保障等4项。

各地高度重视并着力加强针对基本公共服务的体制机制建设。北京市提出要优化调整社会基本公共服务资源布局,增强便民利民服务能力,推进全社会共建共享,同时要创新服务供给方式,保障群众公平享有,鼓励志愿服务和慈善事业发展。广东省提出要实现基本公共服务均等化财力供求总体平衡和区域间基本公共服务支出水平均衡,同时从调整完善财政体制、实施人口迁移、推进事业单位改革、建立多元化供给机制、建立均等化绩效考评机制等方面健全保障机制。

## 第二节　公共服务体系的发展成效

### 一、现代基本公共服务体系的基本建立

基本公共服务体系是指由基本公共服务范围和标准、资源配

置、管理运行、供给方式以及绩效评价等构成的系统性、整体性的制度安排。国家基本公共服务制度紧扣以人为本，围绕从出生到死亡各个阶段和不同领域，以涵盖教育、劳动就业创业、社会保险、医疗卫生、社会服务、住房保障、文化体育等领域的基本公共服务清单为核心，以促进城乡、区域、人群基本公共服务均等化为主线，以各领域重点任务、保障措施为依托，以统筹协调、财力保障、人才建设、多元供给、监督评估等五大实施机制为支撑，是政府保障全民基本生存发展需求的制度性安排。

一是项目内容界定。《"十三五"推进基本公共服务均等化规划》将"十三五"期间的国家基本公共服务内容区分为8大领域81项，并对每一类基本公共服务给予具体阐释。在国家基本公共服务内容框架的基础上，各地根据自身财力、社会公众需求和区域特点等因素，对基本公共服务内容进行了扩充，从而增强了公共服务的普惠性和受益水平。基本公共服务内容项目是国家基本公共服务体系的具体任务分解和表述，也是国家对提供基本公共服务的承诺。内容项目的多少，直接决定着国家承担公共服务供给责任的大小，也体现着国家的社会发展水平。党的十九大报告首次将基本公共服务内涵从"五有"升级到"七有"，即从"学有所教、劳有所得、病有所医、老有所养、住有所居"升级到"幼有所育、学有所教、劳有所得、病有所医、老有所养、住有所居、弱有所扶"，标志着基本公共服务内涵向幼儿和弱势群体延伸，同时将这两部分内容单独凸显出来，充分体现出以人民为中心的发展思想，回应了新时代人民对美好生活需要的切实需求，这是更好保障和改善民生所需，也是社会进步的重要体现。

二是服务对象明确。针对各领域的发展阶段和不同特征，

《"十三五"推进基本公共服务均等化规划》对"十三五"时期基本公共教育、劳动就业创业、基本社会保险、基本社会服务、基本医疗卫生、基本住房保障、基本公共文化体育、残疾人基本公共服务等领域的服务对象做了具体规定。《国家基本公共服务标准（2021年版）》对基本公共服务9个方面、22大类、80个服务项目的服务对象做了最新明确。如，儿童健康管理的服务对象为0—6岁儿童，学前教育幼儿资助的服务对象为经县级以上教育行政部门审批设立的普惠性幼儿园在园家庭经济困难儿童、孤儿和残疾儿童。

三是基本标准制定。基本公共服务标准是指在一定时期内为实现既定目标而对基本公共服务活动所制定的技术和管理等规范，也是国家提供基本公共服务的最低要求。基本标准根据国家相关法律法规来制定，旨在保障基本公共服务提供的规模和质量，明确工作任务的事权和支出责任，为基本公共服务供给的绩效评估提供衡量标准和判断依据，促进城乡、区域和群体之间的均衡发展。作为满足全体公民生存和发展基本需求的保障，指导标准由实现该项基本公共服务供给所需要的人力、财力、物力等因素来综合决定，因此通常具有不可逆性，即指导标准一旦确定，一般情况下就只升不降。同时，指导标准还会随着基本公共服务内容增加、物价变化和城乡居民收入增加来进行调整，总体而言以提高标准为主基调。指导标准分为"硬"标准和"软"标准。"硬"标准主要包括设施建设、设备配置、人员配备和服务规范等具体标准，一般由行业主管部门会同有关部门及国家标准化行政管理部门制定实施。"软"标准主要包括内容标准、经费标准和待遇标准等，内容标准是指基本公共服务项目应该分解为哪些具体内容，经费标准是指为实现该项目最低安排多少经费支出，待遇标准是指社会公众最低能够得到什么水平的服务待遇。《国家基本公共服务标准（2021年版）》也对基本公共服务9个方面、22大类、80个服务项目的服务标准做了最新明确。如，义务教育阶段免除学杂费的服务标准为，义务教育阶段生均公用经费基准定额为小学650元，初中850元；寄宿制学校公用经费按寄宿生数年生均增加200元；农村地区不足100人的规模较小学校按100人核定公用经费；特殊教育学校和随班就读残疾学生按每生每年6000元标准补助公用经费。

四是支出责任厘清。基本公共服务的支出责任，是指基本公共服务供给所需资金的筹资主体结构，以及资金在各筹资主体之间分配比例的制度性安排。筹资主体结构方面，基本公共服务的筹资主体主要包括政府、社会、企业和个人，大多数领域和项目由政府出资，少数领域和项目由企业与个人出资，社会发挥参与作用。由企业和个人出资的基本公共服务主要是社会保险，而且承担的是主要出资责任，政府在城乡居民基本养老保险和城乡居民基本医疗保险上承担补助责任。其他公共服务项目基本上由政府出资，政府的支出责任在各级政府之间进一步细分，国家规划将支出责任在中央政府和地方政府之间划定，省级规划将支出责任在省级政府和地市级、县级政府之间划定。义务教育免费、自然灾害救助、药品安全保障等全国性公共服务由中央政府和地方政府共同分担，最低生活保障、基本养老服务补贴等地方性公共服务由地方政府负责。资金分配比例方面，依据不同领域和项目，各筹资主体之间的分配比例有所不同，不同地区的各级政府出资比例也有差异。城镇职工基本养老保险的筹资来源中，用人单位缴纳比例调整到工资总额的16%，职工缴纳本人工资的8%。大多数公共服务项目,中央政府与地方政府的分担比例存在区域性差异,西部地区中央政府承担的比例较高,东部地区较低,中部地区处于中间。支出责任实现形式方面,政府责任有负责和补助之分,各级政府之间又有按比例分担、负责与补助相结合之分。除社会保险服务外,政府在其他基本公共服务项目上均负责出资。中等职业教育免费、优待抚恤、农村部分计划生育家庭奖励扶助、公共文化场馆开放、所有残疾人基本服务等项目由中央政府和地方政府按比例分担,寄宿生生活补助、学前教育资助、创业服务、所有基本公共卫生服务等项目实行地方政府负责和中央财政适当补助相结合,公共租赁住房由市、县政府负责,省级政府给予资金支持和中央给予资金补助。2018 年,国务院办公厅印发了《医疗卫生领域中央与地方财政事权和支出责任划分改革方案》,明确基本公共服务领域中央与地方共同财政事权范围,首先纳入中央与地方共同财政事权范围暂定为八大类 18 项,如义务教育公用经费保障、免费提供教科书、城乡居民基本养老保险补助等,同时制定基本公共服务保障国家基础标准,并且规范基本公共服务领域中央与地方共同财政事权的支出责任分担方式,对全国各地进行分档确定。

## 二、基本公共服务水平显著提升

### 1. 公共财政投入水平逐步提高

随着国民经济持续增长和城乡居民收入不断提高,保障和改善民生的重要性越来越突出,各级财政的基本公共服务投入呈现出迅速增长趋势,体现在经费总量和人均经费支出两个方面。2015—2020 年,教育、文化体育与传媒、社会保障与就业、医疗卫生与计划生育①的财政投入总体上呈稳定增长态势,分别从 26272 亿元、3077 亿元、19019 亿元、11953 亿元增加到 36337 亿元、4233 亿元、32581 亿元、19201 亿元,增幅分别达到 38.3%、37.6%、71.3%和 60.6%;四项支出总额从 60321 亿元增加到 92352 亿元,增幅为 53.1%(见表 2-1)。同时,基本公共服务领域的人均财政投入也在快速增长。2015—2019 年,普通小学生均一般公共预算教育事业费、普通初中生均一般公共预算教育事业费、普通中职生均公共财政预算教育事业费分别从 8838.4 元、12105.1 元、10961.1 元增加到 11949.1 元、17319.0 元、17282.4 元,增幅为 35.2%、43.1%和 57.7%;城镇居民医保人均补助从 380 元增加到 520 元,增幅为 36.8%(见表 2-2)。

表 2-1  2015—2020 年基本公共服务领域的财政投入    (单位:亿元)

| 年份 | 2015 | 2016 | 2017 | 2018 | 2019 | 2020 |
|---|---|---|---|---|---|---|
| 教育 | 26272 | 28073 | 30153 | 32169 | 34797 | 36337 |
| 文化体育与传媒 | 3077 | 3163 | 3392 | 3538 | 4086 | 4233 |
| 社会保障与就业 | 19019 | 21592 | 24612 | 27012 | 29379 | 32581 |
| 医疗卫生与计划生育 | 11953 | 13159 | 14451 | 15624 | 16665 | 19201 |
| 合计 | 60321 | 65987 | 72608 | 78343 | 84927 | 92352 |

资料来源:2016—2020 年《中国统计年鉴》,2020 年数据来自财政部官方网站。

表 2-2  2015—2019 年基本公共服务领域人均财政投入情况    (单位:元)

| 年份 | 2015 | 2016 | 2017 | 2018 | 2019 |
|---|---|---|---|---|---|
| 普通小学生均一般公共预算教育事业费 | 8838.4 | 9557.9 | 10199.1 | 11328.1 | 11949.1 |

① 2019 年,"文化体育与传媒支出"科目调整为"文化旅游体育和传媒支出","医疗卫生与计划生育支出"科目调整为"卫生健康支出"。

续表

| 年份 | 2015 | 2016 | 2017 | 2018 | 2019 |
|---|---|---|---|---|---|
| 普通初中生均一般公共预算教育事业费 | 12105.1 | 13416.0 | 14641.2 | 16494.4 | 17319.0 |
| 普通中职生均公共财政预算教育事业费 | 10961.1 | 12227.7 | 13272.7 | 16305.9 | 17282.4 |
| 城镇居民医保人均补助 | 380 | 420 | 450 | 490 | 520 |

资料来源:2015—2019年全国教育经费执行情况统计公告,城镇居民医保人均补助数据根据相关文件整理出来。

## 2. 公共服务能力不断增强

随着公共财政投入的不断增长和各类供给主体的逐步进入,基本公共服务的能力建设得到显著提升,这不仅体现在服务对象规模上,还体现在服务主体的供给能力上,为更好地满足城乡居民的基本公共服务需求奠定了坚实基础。

教育方面,全国各级各类教育在校生规模根据人口的变动情况而调整,各类教育的生师比总体上呈现出稳中有降态势。2015—2019年,普通小学、初中、普通高中的在校生数和学前教育在园幼儿数分别从 9692.2 万人、4312.0 万人、2374.4 万人、4264.8 万人增加到 10561.2 万人、4827.1 万人、2414.3 万人、4713.9 万人,增幅分别为 9.0%、11.9%、1.7% 和 10.5%(见表2-3)。九年义务教育的生师比总体稳定在 15.3—15.4 之间,普通小学、普通高中、中等职业教育的生师比略有下降,分别从 17.0、14.0、20.5 降至 16.8、13.0、18.7,初中的生师比从 12.4 缓慢升至 12.9(见表2-4)。

表 2-3　2015—2019 年全国各类教育在校生数 （单位:万人）

| 年份 | 2015 | 2016 | 2017 | 2018 | 2019 |
|---|---|---|---|---|---|
| 九年义务教育 | 14004.1 | 14242.4 | 14535.8 | 14991.9 | 15388.3 |
| 普通小学 | 9692.2 | 9913.0 | 10093.7 | 10339.3 | 10561.2 |
| 初中 | 4312.0 | 4329.4 | 4442.1 | 4652.6 | 4827.1 |
| 普通高中 | 2374.4 | 2366.6 | 2374.5 | 2375.4 | 2414.3 |
| 中等职业教育 | 1656.7 | 1599.0 | 1592.5 | 1555.3 | 1576.5 |
| 学前教育在园幼儿 | 4264.8 | 4413.9 | 4600.1 | 4656.4 | 4713.9 |

资料来源:2015—2019 年全国教育事业发展统计公报。

表 2-4　2015—2019 年全国各级各类学校生师比 （单位:教师=1）

| 年份 | 2015 | 2016 | 2017 | 2018 | 2019 |
|---|---|---|---|---|---|
| 九年义务教育 | 15.3 | 15.4 | 15.3 | 15.4 | 15.4 |
| 普通小学 | 17.0 | 17.1 | 17.0 | 17.0 | 16.8 |
| 初中 | 12.4 | 12.4 | 12.5 | 12.8 | 12.9 |
| 普通高中 | 14.0 | 13.7 | 13.4 | 13.1 | 13.0 |
| 中等职业教育 | 20.5 | 19.8 | 19.0 | 18.7 | 18.7 |

资料来源:根据 2015—2019 年全国教育事业发展统计公报的数据计算得出。

　　就业方面,就业人数和失业人数总体处于平稳态势,城镇登记失业率和城镇调查失业率基本稳定。2015—2020 年,受适龄劳动人口总体下降的影响,全国就业人员先升后降,2017 年达到峰值的 77640 万人,2020 年在新冠肺炎疫情的冲击下降至 75064 万人。2015—2019 年,城镇登记失业人数总体处于 940 万—985 万之间,2020 年在新冠肺炎疫情的冲击下增至 1160 万人。消除零就业家庭户数、城镇登记失业率和城镇调查失业率等指标比较稳定(见表 2-5)。

表 2-5 2015—2020 年全国城镇单位就业和失业人数

（单位：万人、万户、%）

| 年份 | 2015 | 2016 | 2017 | 2018 | 2019 | 2020 |
|---|---|---|---|---|---|---|
| 全国就业人员 | 77451 | 77603 | 77640 | 77586 | 77471 | 75064 |
| 城镇新增就业人数 | 1312 | 1314 | 1351 | 1361 | 1352 | 1186 |
| 城镇单位就业人数 | 18062.5 | 17888.1 | 17643.8 | 17258.2 | 17161.8 | — |
| 城镇登记失业人数 | 966 | 982 | 972 | 974 | 945 | 1160 |
| 消除零就业家庭户数 | 5.7 | 5.0 | 5.1 | 4.9 | 5.1 | 4.9 |
| 城镇登记失业率 | 4.05 | 4.02 | 3.90 | 3.80 | 3.62 | 4.24 |
| 城镇调查失业率 | — | — | — | 4.9 | 5.2 | 5.2 |

资料来源：2020 年《中国统计年鉴》，2015—2020 年人力资源和社会保障事业发展统计公报。

基本社会保险方面，各项社会保险的参保人数持续增长，社保卡持卡人数和普及率显著提升。2015—2020 年，城镇职工基本养老保险的职工参保人数和离退休人员参保人数分别从 26219.2 万人、9141.9 万人增加到 32859 万人、12762 万人，增幅分别为 25.3% 和 39.6%；城乡居民养老参保人数从 50472.2 万人增加到 54244 万人，增幅为 7.5%（见表 2-6）。全国职工基本医疗保险参保人数从 2015 年的 28893.1 万人增加到 2020 年的 34455 万人，增长 19.2%，城乡居民基本医疗保险参保人数从 2017 年的 87358.7 万人增加到 2020 年的 101676 万人，增长 16.4%（见表 2-7）。2020 年，全国参加失业保险人数为 21689 万人，参加工伤保险人数为 26763 万人。2015—2020 年，全国社会保障卡持卡人数从 8.84 亿人增加到 13.35 亿人，增幅为 51%，社保卡普及率从 64.6% 迅速提高到 95.4%（见表 2-8），2020 年社会保障卡发放人数已经覆盖所有地市。

表 2-6　2015—2020 年全国基本养老保险参保人数　（单位:万人）

| 年份 | 2015 | 2016 | 2017 | 2018 | 2019 | 2020 |
|---|---|---|---|---|---|---|
| 职工基本养老参保人数① | 26219.2 | 27826.3 | 29267.6 | 30104.0 | 31177.5 | 32859 |
| 离退休人员参保人数 | 9141.9 | 10103.4 | 11025.7 | 11797.7 | 12310.4 | 12762 |
| 城乡居民养老参保人数 | 50472.2 | 50847.1 | 51255.0 | 52391.7 | 53266.0 | 54244 |

资料来源:2020 年《中国统计年鉴》,2020 年人力资源和社会保障事业发展统计公报。

表 2-7　2015—2020 年全国医疗保险参保人数　（单位:万人）

| 年份 | 2015 | 2016 | 2017 | 2018 | 2019 | 2020 |
|---|---|---|---|---|---|---|
| 职工基本医疗保险 | 28893.1 | 29531.5 | 30322.7 | 31680.8 | 32924.7 | 34455 |
| 城乡居民基本医疗保险 | — | — | 87358.7 | 102777.8 | 102482.7 | 101676 |

资料来源:2016—2020 年《中国统计年鉴》,2020 年全国医疗保障事业发展统计公报。

表 2-8　2015—2020 年全国社会保障卡持卡情况

| 年份 | 2015 | 2016 | 2017 | 2018 | 2019 | 2020 |
|---|---|---|---|---|---|---|
| 持卡人数(亿人) | 8.84 | 9.72 | 10.88 | 12.27 | 13.05 | 13.35 |
| 社保卡普及率(%) | 64.6 | 73.2 | 78.7 | 88.0 | 93.2 | 95.4 |

资料来源:2015—2020 年人力资源和社会保障事业发展统计公报。

　　基本社会服务方面,养老服务供给能力显著提升,养老服务机构迅速增加,每千老年人口养老床位数迅速提高,社会救助水平明显增强。2015—2019 年,全国养老服务机构从 2.8 万个增加到 3.4 万个,增长 21.4%;养老床位数从 672.7 万张增加到 775.0 万张,增长 15.2%;每千名老年人口养老床位数相对比较稳定。2015—2019 年,享受高龄补贴、护理补贴、养老服务补贴的老年人数增长较快,分别从 2155.1 万人、26.5 万人、257.9 万人增加到

---

① 不含离退休人员。

2963.0万人、66.3万人、516.3万人,增幅分别为37.5%、150.2%和100.2%(见表2-9)。受益于脱贫攻坚力度的不断加大,农村特困救助供养人数从2015年的516.8万人迅速降至2019年的439.1万人(见表2-10)。

表2-9　2015—2019年全国养老服务情况

| 年份 | 2015 | 2016 | 2017 | 2018 | 2019 |
|------|------|------|------|------|------|
| 养老服务机构数(万个) | 2.8 | 2.9 | 2.9 | 2.9 | 3.4 |
| 养老床位数(万张) | 672.7 | 730.2 | 744.8 | 727.1 | 775.0 |
| 每千名老年人口养老床位数(张) | 30.3 | 31.6 | 30.9 | 29.1 | 30.5 |
| 社区养老服务机构和设施(万个) | 2.6 | 3.5 | 4.3 | 4.5 | 6.4 |
| 社区留宿和日间照料床位(万张) | 298.1 | 322.9 | 338.5 | 347.8 | 336.2 |
| 享受高龄补贴的老年人数(万人) | 2155.1 | 2355.4 | 2682.2 | 2972.3 | 2963.0 |
| 享受护理补贴的老年人数(万人) | 26.5 | 40.5 | 61.3 | 74.8 | 66.3 |
| 享受养老服务补贴的老年人数(万人) | 257.9 | 282.9 | 354.4 | 521.7 | 516.3 |

资料来源:2015—2017年社会服务发展统计公报,2018—2019年民政事业发展统计公报。

表2-10　2015—2019年全国特困救助供养情况　　(单位:万人)

| 年份 | 2015 | 2016 | 2017 | 2018 | 2019 |
|------|------|------|------|------|------|
| 农村特困救助供养人数 | 516.8 | 496.9 | 466.9 | 455.0 | 439.1 |

资料来源:2015—2017年社会服务发展统计公报,2018—2019年民政事业发展统计公报。

医疗卫生方面,人均医疗卫生机构执业医师数和床位数等医疗资源明显提高,保障能力显著增强。2015—2020年,每千人口医疗卫生机构执业医师数、每千人口注册护士数、每万人口全科医生数分别从 2.21 人、2.36 人、1.38 人增加到 2.90 人、3.34 人、2.90 人,增幅分别达到 31.2%、41.5% 和 110.1%;每千人口医疗卫生机构床位数从 5.11 张增加到 6.46 张,增幅为 26.4%(见表 2-11)。

表 2-11  2015—2020 年全国医疗卫生资源情况  (单位:人、张)

| 年份 | 2015 | 2016 | 2017 | 2018 | 2019 | 2020 |
|---|---|---|---|---|---|---|
| 每千人口医疗卫生机构执业医师数 | 2.21 | 2.31 | 2.44 | 2.59 | 2.77 | 2.90 |
| 每千人口注册护士数 | 2.36 | 2.54 | 2.74 | 2.94 | 3.18 | 3.34 |
| 每万人口全科医生数 | 1.38 | 1.51 | 1.82 | 2.22 | 2.61 | 2.90 |
| 每千人口医疗卫生机构床位数 | 5.11 | 5.37 | 5.72 | 6.03 | 6.30 | 6.46 |

资料来源:2015—2016 年我国卫生和计划生育事业发展统计公报,2017—2020 年我国卫生健康事业发展统计公报。

### 3. 公共服务水平大幅提升

在各级财政加大投入和服务能力不断提升的推动下,基本公共服务的总体水平得到极大提高。教育方面,九年义务教育巩固率、小学学龄儿童净入学率、初中升学率、学前三年毛入园率均有较大提升。2015—2019 年,九年义务教育巩固率从 93.0% 提高到 94.8%;小学学龄儿童净入学率稳定在 99.9% 以上,基本上实现了应上尽上;学前三年毛入园率从 75.0% 提高到 83.4%,反映出近年来学前教育发展的成效比较显著(见表 2-12)。

表 2-12　2015—2019 年全国义务教育巩固率和升学率　　（单位:%）

| 年份 | 2015 | 2016 | 2017 | 2018 | 2019 |
|---|---|---|---|---|---|
| 九年义务教育巩固率 | 93.0 | 93.4 | 93.8 | 94.2 | 94.8 |
| 小学学龄儿童净入学率 | 99.88 | 99.92 | 99.91 | 99.95 | 99.94 |
| 初中阶段毛入学率 | 104.0 | 104.0 | 103.5 | 100.9 | 102.6 |
| 初中升学率 | 94.1 | 93.7 | 94.9 | 95.2 | 94.5 |
| 学前三年毛入园率 | 75.0 | 77.4 | 79.6 | 81.7 | 83.4 |

资料来源:2015—2019 年全国教育事业发展统计公报,《国家基本公共服务统计概览 2020》。

社会保障方面,企业退休人员月人均基本养老金稳步增长,从 2015 年的 2240 元提高到 2019 年的 2719 元,增长 21.4%(见表 2-13)。城乡低保标准和实际平均水平得到大幅提升。2015—2019 年,城市低保人数从 1701.1 万人降至 860.9 万人,减少 840.2 万人,农村低保人数从 4903.6 万人降至 3455.4 万人,减少 1448.2 万人,充分反映出我国脱贫攻坚和城市反贫困取得显著成效;城市低保标准从每人每月 451.1 元提高到 624.0 元,增长 38.3%,农村低保标准从每人每年 3177.6 元提高到 5335.5 元,增长 67.9%(见表 2-14)。从相对保障水平来看,城镇低保标准与居民消费支出之比在 0.25—0.27,农村低保标准与居民消费支出之比在 0.34—0.40,两个比例均呈上升趋势,反映出我国城乡低保的实际保障水平在逐步提高(见表 2-15)。

表 2-13　2015—2019 年企业退休人员月人均基本养老金

| 年份 | 2015 | 2016 | 2017 | 2018 | 2019 |
|---|---|---|---|---|---|
| 月人均基本养老金(元) | 2240 | 2362 | 2490 | 2597 | 2719 |
| 增长率(%) | 9.3 | 5.4 | 5.4 | 4.3 | 4.7 |

资料来源:《国家基本公共服务统计概览 2020》。

表 2-14 2015—2019 年全国最低生活保障情况

| 年份 | 2015 | 2016 | 2017 | 2018 | 2019 |
|---|---|---|---|---|---|
| 城市低保人数(万人) | 1701.1 | 1480.2 | 1261.0 | 1007.0 | 860.9 |
| 城市低保标准(元/人月) | 451.1 | 494.6 | 540.6 | 579.7 | 624.0 |
| 农村低保人数(万人) | 4903.6 | 4586.5 | 4045.2 | 3519.1 | 3455.4 |
| 农村低保标准(元/人年) | 3177.6 | 3744.0 | 4300.7 | 4833.4 | 5335.5 |

资料来源:2015—2017 年社会服务发展统计公报,2018—2019 年民政事业发展统计公报。

表 2-15 2015—2019 年全国最低生活保障标准与居民消费支出比较

| 年份 | 2015 | 2016 | 2017 | 2018 | 2019 |
|---|---|---|---|---|---|
| 城市低保标准/消费支出 | 0.25 | 0.26 | 0.27 | 0.27 | 0.27 |
| 农村低保标准/消费支出 | 0.34 | 0.37 | 0.39 | 0.40 | 0.40 |

资料来源:《国家基本公共服务统计概览 2020》。

医疗卫生领域,主要健康指标已经达到国际较高水平。2015—2020 年,3 岁以下儿童系统管理率从 90.7%提高到 92.9%,孕产妇系统管理率从 91.5%提高到 92.7%,分别提高了 2.2 个百分点和 1.2 个百分点;甲乙类传染病发病率从 223.6/10 万降至 190.4/10 万,5 岁以下儿童死亡率从 10.7‰降至 7.5‰,婴儿死亡率从 8.1‰降至 5.4‰,孕产妇死亡率从 20.1/10 万降至 16.9/10 万,降幅分别为 14.8%、29.9%、33.3%和 15.9%(见表 2-16)。

表 2-16 2015—2020 年全国主要健康指标情况

| 年份 | 2015 | 2016 | 2017 | 2018 | 2019 | 2020 |
|---|---|---|---|---|---|---|
| 3 岁以下儿童系统管理率(%) | 90.7 | 91.1 | 91.1 | 91.2 | 91.9 | 92.9 |
| 孕产妇系统管理率(%) | 91.5 | 91.6 | 89.6 | 89.9 | 90.3 | 92.7 |
| 甲乙类传染病发病率(1/10 万) | 223.6 | 215.7 | 222.1 | 220.5 | 220.0 | 190.4 |

续表

| 年份 | 2015 | 2016 | 2017 | 2018 | 2019 | 2020 |
|---|---|---|---|---|---|---|
| 5 岁以下儿童死亡率 (‰) | 10.7 | 10.2 | 9.1 | 8.4 | 7.8 | 7.5 |
| 婴儿死亡率(‰) | 8.1 | 7.5 | 6.8 | 6.1 | 5.6 | 5.4 |
| 孕产妇死亡率(1/10 万) | 20.1 | 19.9 | 19.6 | 18.3 | 17.8 | 16.9 |

资料来源:2015—2016 年我国卫生和计划生育事业发展统计公报,2017—2020 年我国卫生健康事业发展统计公报。

住房保障领域,公共租赁住房和农村危房改造均取得显著成效。2015—2019 年,公共租赁住房实物保障户数从 989.3 万户增加到 1520.7 万户,增长 53.7%。2019 年,公租房租赁补贴户数和农村危房改造户数分别达到 155.6 万户和 132.1 万户(见表 2-17)。

表 2-17　2015—2019 年全国住房保障基本情况　（单位:万户）

| 年份 | 2015 | 2016 | 2017 | 2018 | 2019 |
|---|---|---|---|---|---|
| 公共租赁住房实物保障户数 | 989.3 | 1381.9 | 1415.9 | 1481.2 | 1520.7 |
| 公租房租赁补贴户数 | 317.1 | 306.6 | 242.3 | 272.4 | 155.6 |
| 农村危房改造户数 | 455.3 | 331.0 | 176.7 | 180.1 | 132.1 |

资料来源:《国家基本公共服务统计概览 2020》。

公共文化领域,人均资源和服务水平均得到大幅提升。2015—2019 年,每万人公共文化设施从 374.7 平方米提高到 444.1 平方米,增长 18.5%;人均图书馆流通次数从 0.43 次提高到 0.64 次,增长 48.8%;人均接受文化站服务次数从 0.40 次提高到 0.56 次,增长 40%;人均参观博物馆次数从 0.57 次提高到 0.80 次,增长 40.4%;广播节目综合人口覆盖率和电视节目综合人口覆盖率分别从 98.2%、98.8%提高到 99.1%、99.4%;有线广播电视用户覆盖率从 54.6% 降至 46.2%，下降 8.4 个百分点（见表 2-18）。

表 2-18　2015—2019 年全国公共文化服务基本情况

| 年份 | 2015 | 2016 | 2017 | 2018 | 2019 |
|---|---|---|---|---|---|
| 每万人公共文化设施（平方米） | 374.7 | 391.6 | 404.4 | 421.3 | 444.1 |
| 人均图书馆流通次数（次） | 0.43 | 0.48 | 0.54 | 0.59 | 0.64 |
| 人均接受文化站服务次数（次） | 0.40 | 0.42 | 0.46 | 0.51 | 0.56 |
| 人均参观博物馆次数（次） | 0.57 | 0.62 | 0.70 | 0.75 | 0.80 |
| 广播节目综合人口覆盖率（%） | 98.2 | 98.4 | 98.7 | 98.9 | 99.1 |
| 电视节目综合人口覆盖率（%） | 98.8 | 98.9 | 99.1 | 99.3 | 99.4 |
| 有线广播电视用户覆盖率（%） | 54.6 | 52.8 | 48.3 | 49.0 | 46.2 |

资料来源：《国家基本公共服务统计概览 2020》。

### 三、基本公共服务均等化程度不断提高

#### 1. 推动基本公共服务城乡均等化

当前我国基本公共服务体系中，部分基本公共服务项目和内容存在城乡之别，有些基本公共服务项目还进一步将城市居民区分为户籍人口、常住人口和流动人口。近年来，我国基本公共服务体系建设将推动城乡均等化放在更加突出的位置。首先，加强制度衔接与整合。随着公共财政实力的不断增强，越来越多的农村基本公共服务制度向城市制度靠拢或转变，城乡之间的制度性差异大量减少乃至消除。例如，城镇居民基本养老保险制度与新型农村社会养老保险制度进行整合，形成城乡居民基本养老保险制

度,城镇居民基本医疗保险制度与新型农村合作医疗制度进行整合,形成城乡居民基本医疗保险制度,部分地方将城市低保制度和农村低保制度进行整合,形成城乡低保制度。其次,推动城市公共服务制度向农村延伸。针对一时无法消除城乡差异的基本公共服务制度,在城市生活的农民能够享受与当地居民同等的基本公共服务待遇。例如,城市基本公共卫生服务项目基本上实现常住人口全覆盖。再以教育为例,2010—2019 年,九年义务教育的城镇在校生比例从 53.1%猛增至 79.2%,显著高于同期的城镇化率(见表 2-19),这说明大量农村户籍学生在城镇学校就读,这一现象在县城和中心城市体现得尤为突出。

表 2-19　2010—2019 年全国九年义务教育城镇在校生情况

| 年份 | 2010 | 2013 | 2015 | 2016 | 2017 | 2018 | 2019 |
|---|---|---|---|---|---|---|---|
| 城镇在校生数(万人) | 8083.3 | 9769.1 | 10335.7 | 10683.6 | 11117.0 | 11677.0 | 12180.4 |
| 城镇在校生比例(%) | 53.1 | 70.8 | 73.8 | 75.0 | 76.5 | 77.9 | 79.2 |
| 城镇化率(%) | 49.68 | 53.73 | 56.10 | 57.35 | 58.62 | 59.58 | 60.60 |

资料来源:2011 年《中国统计年鉴》,2020 年《中国统计年鉴》,《国家基本公共服务统计概览 2020》。

### 2. 推动基本公共服务区域均等化

受各地经济发展水平和财力的影响,部分基本公共服务待遇和服务水平存在区域差距。近年来,国家层面在着力加强对经济欠发达地区的转移支付力度,以增强其对基本公共服务领域的财力支撑。教育领域,东部地区优于中部地区、中部地区优于西部地区的格局非常明显。从九年义务教育免费住宿生所占比重和营养改善计划受益学生比重来看,中部地区和西部地区均高于全国平均水平,西部地区比中部地区高很多。进一步来看,区域性差距有缩小迹象,九年义务教育的生师比趋于完全一致。医疗卫生领域,床位和人才等医疗卫生资源配置的区域差距有所缩小,均等化程度有所提高。从每千人口医疗卫生机构床位数来看,中部和西部地区的增长速度要快于东部地区。

## 第三节　公共服务体系的主要问题及原因

### 一、基本公共服务底线标准总体偏低

与城乡居民日益增长的美好生活需要相比,与我国跨入中高收入水平国家的发展阶段要求相比,我国现行基本公共服务底线标准偏低,对基本民生的综合保障能力仍相当有限。教育领域,免费教育的覆盖范围相对较窄,中等职业教育和普通高中教育的助学金的覆盖率和标准偏低,学前教育仍以民办幼儿园和市场化机制为主。2010—2019年,公办幼儿园在园幼儿数占全部在园幼儿比重从53.0%逐年降至43.8%,普惠性相对减弱,近年来略有上升但幅度有限(见表2-20)。就业领域,真实失业率明显高于登记失业率,大中专毕业生的就业稳定性较弱,制造业工人的劳动环境较差且劳动强度较大,农民工欠薪现象仍时有发生。社会保障领域,仍有相当一部分劳动者没有参加基本养老保险,城镇企业职工基本养老金的替代率相对偏低,城乡居民基本养老金不高,城乡低保的实际保障能力较弱,难以满足低保对象的基本生活需要。2010—2020年,城镇职工基本养老保险的年人均基本养老金从16741元增加到40198元,但年人均基本养老金的替代率均不到50%,且呈现出一定的下降态势,与保障退休职工基本生活水平不

降低的 65% 以上的替代率仍有一定差距（见表 2-21）。2015—
2019 年，城镇低保标准与城镇居民人均消费支出之比处于 0.25—
0.27 之间，农村低保标准与农村居民人均消费支出之比处于
0.34—0.40 之间，低保资金对于满足低保对象的基本生活需要来
说仍显捉襟见肘，保障程度相对偏弱。

表 2-20　2010—2019 年公办幼儿园在园幼儿数情况　　（单位：万人、%）

| 年份 | 2010 | 2015 | 2016 | 2017 | 2018 | 2019 |
|---|---|---|---|---|---|---|
| 在园幼儿数 | 2976.7 | 4264.8 | 4413.9 | 4600.1 | 4656.4 | 4713.9 |
| 公办幼儿园在园幼儿数 | 1577.2 | 1962.4 | 1976.2 | 2027.8 | 2016.4 | 2064.2 |
| 公办幼儿园占比 | 53.0 | 46.0 | 44.8 | 44.1 | 43.3 | 43.8 |

资料来源：《国家基本公共服务统计概览 2020》。

表 2-21　2010—2020 年城镇职工基本养老保险待遇情况

| 年份 | 2010 | 2015 | 2016 | 2017 | 2018 | 2019 | 2020 |
|---|---|---|---|---|---|---|---|
| 职工养老保险基金总支出（亿元） | 10555 | 25813 | 31854 | 38052 | 44645 | 49228 | 51301 |
| 参保离退休人员（万人） | 6305 | 9142 | 10103 | 11026 | 11798 | 12310 | 12762 |
| 年人均基本养老金①（元） | 16741 | 28236 | 31529 | 34511 | 37841 | 39990 | 40198 |
| 城镇单位在岗职工平均工资（元） | 37147 | 63241 | 68993 | 76121 | 84744 | 93383 | — |
| 年人均基本养老金替代率②（%） | 45.07 | 44.65 | 45.70 | 45.34 | 44.65 | 42.82 | — |

资料来源：2010 年人力资源和社会保障事业发展统计公报，2015—2020 年人力资源和社会保障事业
发展统计公报，2020 年《中国统计年鉴》。

---

①　年人均基本养老金用养老保险基金总支出和参保离退休人员人数匡算得出，即年人均
基本养老金=养老保险基金总支出/参保离退休人员。

②　年人均基本养老金替代率用年人均基本养老金和城镇单位在岗职工平均工资匡算得
出，即年人均基本养老金替代率=年人均基本养老金/城镇单位在岗职工平均工资×100%。

## 二、区域城乡群体差距较大

受经济社会发展不均衡的影响,我国基本公共服务领域的区域差距、城乡差距和群体差距仍然较大,不利于社会公平正义的有效实现。区域性差距方面,主要体现在西部地区与全国平均水平之间存在一定差距。教育领域,西部地区的小学学龄儿童净入学率和初中升学率普遍低于全国平均水平,城镇在校生比重大多数低于全国平均水平,农村在校生比重高于全国平均水平,这与西部地区的城镇化率较低密切相关。2019 年,小学学龄儿童净入学率低于全国平均水平的有广西壮族自治区、贵州省、云南省、西藏自治区、青海省,最低为贵州省和西藏自治区的 99.7%;初中升学率低于全国平均水平的有广西壮族自治区、贵州省、云南省、西藏自治区、甘肃省、青海省、宁夏回族自治区,最低为西藏自治区的79.4%;城镇在校生比重低于全国平均水平的有广西壮族自治区、贵州省、云南省、西藏自治区、甘肃省、青海省、宁夏回族自治区、新疆维吾尔自治区,最低为西藏自治区的 53.5%(见表2-22)。就业领域,东北地区和西部地区的登记失业率低于全国平均水平,但调查失业率却显著高于全国平均水平,反映出登记失业率对真实失业率的偏离较大。社会保障领域,西部地区城镇企业职工的各项社会保险参保率普遍低于全国平均水平,反映出西部地区劳动者的整体就业质量偏低。

表 2-22　2019 年西部地区义务教育发展情况　　　　(单位:%)

| 指标 | 小学学龄儿童净入学率 | 初中升学率 | 城镇在校生比重 |
|---|---|---|---|
| 内蒙古自治区 | 100.0 | 97.8 | 90.8 |
| 广西壮族自治区 | 99.8 | 93.1 | 70.4 |
| 重庆市 | 100.0 | 110.2 | 88.8 |

续表

| 指标 | 小学学龄儿童净入学率 | 初中升学率 | 城镇在校生比重 |
|---|---|---|---|
| 四川省 | 99.9 | 98.5 | 80.7 |
| 贵州省 | 99.7 | 81.4 | 74.8 |
| 云南省 | 99.8 | 87.0 | 57.1 |
| 西藏自治区 | 99.7 | 79.4 | 53.5 |
| 陕西省 | 100.0 | 104.9 | 88.9 |
| 甘肃省 | 100.0 | 88.6 | 73.1 |
| 青海省 | 99.8 | 89.2 | 71.0 |
| 宁夏回族自治区 | 100.0 | 89.9 | 77.8 |
| 新疆维吾尔自治区 | 100.0 | 95.4 | 57.1 |
| 全国 | 99.9 | 94.5 | 79.2 |

资料来源:《国家基本公共服务统计概览2020》。

城乡差距方面,主要体现在城市公共服务制度优于农村,城市公共服务资源配置多于农村,城市公共服务质量水平高于农村。以最低生活保障为例,城市低保的保障标准涵盖内容要比农村低保多一些(见表2-23)。2010—2019年,城乡低保标准差距从每人每年1610.4元扩大到2152.5元。虽然城乡低保标准的比值在不断提高,但2019年农村低保标准也仅相当于城市低保标准的71.3%(见表2-24)。

表2-23 城乡最低生活保障制度比较

| 类型 | 城市低保 | 农村低保 |
|---|---|---|
| 适用对象 | 家庭人均收入低于城市低保标准的城市居民 | 家庭年人均纯收入低于农村低保标准的农村居民 |
| 保障标准 | 按照当地维持城市居民基本生活所必需的衣、食、住费用,并适当考虑水电燃煤(燃气)费用以及未成年人的义务教育费用确定 | 按照能够维持当地农村居民全年基本生活所必需的吃饭、穿衣、用水、用电等费用确定 |
| 政府主体 | 县级以上地方人民政府 | 县级以上地方人民政府 |

续表

| 类型 | 城市低保 | 农村低保 |
|------|----------|----------|
| 筹资来源 | 地方政府纳入财政预算,纳入社会救济专项资金支出项目 | 以地方为主,列入财政预算;省级政府加大投入,中央财政对困难地区给予适当补助 |
| 资金发放 | 按照家庭人均收入低于当地城市居民最低生活保障标准的差额享受 | 按照申请人家庭年人均纯收入与保障标准的差额发放,也可分档发放 |

资料来源:根据相关文件整理而成。

表 2-24　2010—2019 年城乡低保平均标准比较 (单位:元/人年)

| 年份 | 2010 | 2015 | 2016 | 2017 | 2018 | 2019 |
|------|------|------|------|------|------|------|
| 城市居民低保 | 3014.4 | 5412.6 | 5935.2 | 6487.2 | 6956.4 | 7488.0 |
| 农村居民低保 | 1404.0 | 3177.6 | 3744.0 | 4300.7 | 4833.4 | 5335.5 |
| 城乡标准差距 | 1610.4 | 2235.0 | 2191.2 | 2186.5 | 2123.0 | 2152.5 |
| 农村/城市(%) | 46.6 | 58.7 | 63.1 | 66.3 | 69.5 | 71.3 |

资料来源:2010 年社会服务发展统计报告,2015—2017 年社会服务发展统计公报,2018—2019 年民政事业发展统计公报。

　　群体差距方面,主要体现在机关、事业单位和企业之间存在一些差距。以基本养老保险为例,制度类型上,城镇职工养老保险和事业单位养老保险属于社会保险型,体现在社会统筹账户上,城乡居民养老保险属于个人保险型。制度模式上,城镇职工养老保险和事业单位养老保险属于统账结合型,城乡居民养老保险属于个人账户制。筹资来源上,城镇职工养老保险由企业和个人共同缴费,事业单位养老保险由单位和个人共同缴费,城乡居民养老保险为个人缴费、政府补贴,政府补贴有定量标准。待遇模式上,三者均为缴费确定型,均与个人账户实行严格挂钩,但在挂钩机制上有一定区别。政府责任上,城镇职工养老保险和事业单位养老保险为一定范围内的税收优惠,城乡居民养老保险为既定水平的财政补贴(见表 2-25)。

表 2-25 基本养老保险制度比较

| 类型 | 城镇职工养老保险 | 事业单位养老保险 | 城乡居民养老保险 |
|---|---|---|---|
| 适用群体 | 城镇各类企业及其职工,个体工商户,灵活就业人员 | 事业单位正式编制人员 | 城镇未就业人口和农村居民 |
| 制度类型 | 社会保险型 | 社会保险型 | 个人保险型 |
| 制度模式 | 统账结合型 | 统账结合型 | 个人账户制 |
| 筹资来源 | 企业和个人缴费 | 单位和个人缴费 | 个人缴费,政府补贴 |
| 待遇模式 | 缴费确定型 | 缴费确定型 | 缴费确定型 |
| 政府责任 | 提供税收优惠 | 提供税收优惠 | 提供补贴 |
| 家庭参保 | 否 | 否 | 是 |
| 风险共担 | 有 | 有 | 无 |

资料来源:根据相关文件整理而成。

### 三、基本公共服务待遇地域固化

虽然社会主义市场经济体制改革已经深入推进,但沿袭着计划经济时代的户籍管理思路,基本公共服务领域的很多制度待遇仍表现出强烈的地域固化特征,影响基本公共服务权益的流动与便携。

首先,基本公共服务待遇保障以户籍属地为主。在教育和医疗卫生这两大基本公共服务领域,基本公共服务供给主要以户籍地政府为主,常住地或流入地政府参与提供的积极性不高。虽然各类规划和政策都提出,要做到基本公共服务的常住人口全覆盖,但大多数城市尤其是大中城市,都很难完全兑现。特别是基本公共服务的区域性待遇差距,使得高水平地区无法承接大量流入人口的基本公共服务供给。2020 年,全国农民工总量达到 28560 万人,其中外出农民工 16959 万人,这一群体对民生待遇地域固化的感知最为真切。

其次,基本公共服务资源的城乡地域分割非常明显。以社会保障为例,劳动者在流入地参加社会保险,其所缴纳养老保险费和医疗保险费的社会统筹部分难以完全跟随个人工作变动而在不同城市间进行迁转,虽然政策规定了社会保险权益可以自由流转,但在迁转比例、时间衔接、待遇核定等方面仍存在诸多不合理的约束。再如异地就医,虽然政策规定异地就医仍然可以享受医保报销待遇,但在具体操作上仍面临对口联系医疗机构、报销比例降低、报销流程烦琐等问题。

### 四、基本公共服务制度碎片化严重

基本公共服务涉及教育、医疗卫生、劳动就业、社会保障、养老服务、文化体育等多个领域,囊括个人一生的生老病死和衣食住行,需要多项制度和多种服务与之相对应,因此相对比较复杂。从提升人的生活质量角度来看,各项基本公共服务制度之间需要相互衔接与配合,加强统筹协调和整体谋划。

当前,中国特色社会主义进入新时代,我国社会主要矛盾已经转化为人民日益增长的美好生活需要和不平衡不充分的发展之间的矛盾,与积极应对这一主要矛盾相比,我国基本公共服务制度的碎片化现象比较严重,具体表现在以下三个方面。一是基本公共服务制度之间缺乏合理衔接。基本公共服务制度必须以人民为中心,那就要求围绕人的需要来整合设计,而非人为加以分割和对立。比如,养老金和住房公积金具有相同的缴费基数和缴费期限,均具有个人资产属性并实行账户制管理,但两者的领取条件和使用时期却有较大不同,容易造成年轻工作时需要购房或租房但住房公积金不够、年老退休后需要养老金但住房公积金作用不大等问题,加上当前养老金投资收益率不高的客观事实,目前两种制度并行没有实现效益最大化。二是家庭纽带理念没有得到有效体现。家庭是一种特殊的社会关系载体,对促进社会共融共生有着不可替代的作用,因此,基本公共服务制度设计必须融入家庭纽带理念。现行基本公共服务制度基本上以个体为单元,家庭纽带理念的嵌入远远不够,甚至出现与家庭理念相悖的现象。三是基本公共服务制度缺乏层次性。目前,对基本公共服务的强调和关注比较多,对非基本、多层次的公共服务缺乏足够认识和重视,与我国迈入中高收入国家的现实需要不匹配。

### 五、基本公共服务人才支撑不足

近年来,随着国家基本公共服务体系的建立和健全,基本公共服务人才队伍得到迅速增强,但是与日益增长的基本公共服务需求和基本公共服务均等化目标需要相比,基本公共服务人才在总量规模、结构比例、综合素质、体制机制等方面仍存在诸多不足。一是人才规模总体不足,与我国成为世界第二大经济体、迈入中高收入国家行列的大格局不相适应,与世界上其他同等收入水平国家的基本公共服务人才拥有量仍有较大差距。二是人才结构相对失衡,城镇基本公共服务人才的配置密度远远超过农村,也超过同期的城镇化水平,从事行政管理工作的人员占比较高,提供专业技术服务的人员相对被压缩,热门专业的人员占比较高,相对冷门专业的人员占比较低。三是与知识技能不断更新和信息技术广泛应

用等新形势相比,基本公共服务人才的综合素质仍然偏低,主要体现在学历合格达标率和专业技能水平等方面。四是基层人才严重匮乏,长期面临着招不到、留不住、水平低等问题和挑战,西部地区、农村地区和贫困地区体现得尤为突出。

# 第三章　国家治理现代化对公共
## 服务体系的时代要求

"十四五"及未来一段时期,既是我国全面建成小康社会后迈向基本实现社会主义现代化的关键阶段,也是进一步推进国家治理体系和治理能力现代化的重要时期,这对完善健全公共服务体系提出了更新、更高的要求。适应社会主要矛盾的变化,坚持以人民为中心,更好保障和改善民生,完善公共服务体系,补齐民生"短板",增强薄弱环节,提升公共服务质量,创新体制机制,促进社会公平正义,健全共建共治共享的社会治理格局,促进人的全面发展和社会进步。

## 第一节　城镇化加速推进与公共
### 服务的城乡融合

城镇化是指农村人口不断向城镇转移,第二、第三产业不断向城镇聚集,从而使城镇数量不断增加、城镇规模不断扩大的一种历史过程,主要表现为,随着一个国家或地区社会生产力的发展、科学技术的进步以及产业结构的调整,其农村人口居住地点向城镇的迁移和农村劳动力从事职业向城镇第二、第三产业的转移,城镇化是一个国家或地区在实现工业化、现代化过程中所经历社会变迁的一种反映。经济学意义上的城镇化是指农村传统自然经济向城市社会化大生产的转变;社会学意义上的城镇化是指城市文明对农村的覆盖,以及农村生活方式向城市生活方式的转变;人口学意义上的城镇化是指农业人口转化为城市人口的过程,即以农村人口不断向城市迁移和聚集为主要特征;地理学意义上的城镇化是指农村地貌向城市景观的转变。

城镇化的核心是人口就业结构、经济产业结构的转化过程以及城乡空间社区结构的变迁过程,其本质特征体现在以下三个方面:一是农村人口在空间上的转换;二是非农产业向城镇的聚集;三是农业劳动力向非农劳动力转移。城镇化既是物质文明进步的体现,也是精神文明前进的动力;既是城镇数量增加和规模扩大的过程,也是城镇结构变迁和功能转变的过程。城镇化是人口、地域、社会经济组织、生产生活方式等多方面综合转变的过程,城镇化水平是一个国家或地区经济社会发展进步的主要反映和重要标志。

城镇化率快速提高既是经济社会发展的重要体现,更是经济社会发展的关键推动力。当前,我国正在统筹推进"五位一体"总体布局和协调推进"四个全面"战略布局,积极稳妥扎实有序推进城镇化。改革开放以来,我国城镇化率每年提高近 1 个百分点,近年来城镇化率提高更为迅速,2020 年城镇化率超过 60%(见表3-1)。

表 3-1　2010—2019 年我国城镇化率变化　　（单位:%）

| 年份 | 2010 | 2013 | 2015 | 2016 | 2017 | 2018 | 2019 |
|------|------|------|------|------|------|------|------|
| 城镇化率 | 49.68 | 53.73 | 56.10 | 57.35 | 58.62 | 59.58 | 60.60 |

资料来源:2020 年《中国统计年鉴》,2011 年《中国统计年鉴》。

当前,公共服务领域的部分制度存在明显的城乡分割,部分制度的城市待遇水平远高于农村,如城乡教育、医疗的水平差距等。城镇化进程中,每年有超过 1000 万的农村居民转为城镇居民,从而由农村公共服务制度转入城市公共服务制度,带来公共服务的大幅扩容,这不仅要求公共服务资源的同步增加,同时要求服务和管理能力的同步提升。与此同时,全国范围内城乡之间人口流动半径扩大、流动速度加快,需要推进城乡公共服务制度和政策的衔接与整合,以更好地实现公共服务的城乡融合。

《中华人民共和国国民经济和社会发展第十四个五年规划和 2035 年远景目标纲要》提出,要深入推进以人为核心的新型城镇化战略,使更多人民群众享有更高品质的城市生活。坚持存量优先、带动增量,统筹推进户籍制度改革和城镇基本公共服务常住人口全覆盖,健全农业转移人口市民化配套政策体系,加快推动农业转移人口全面融入城市。健全以居住证为载体、与居住年限等条件相挂钩的基本公共服务提供机制,鼓励地方政府提供更多基本公共服务和办事便利,提高居住证持有人城镇义务教育、住房保障等服务的实际享有水平。根据人口流动实际调整人口流入流出地区教师、医生等编制定额和基本公共服务设施布局。《国家发展改革委关于加快开展县城城镇化补短板强弱项工作的通知》提出,要围绕公共服务设施提标扩面,优化医疗卫生设施、教育设施、养老托育设施、文旅体育设施、社会福利设施和社区综合服务设施。

## 第二节　人口老龄化程度加深与
## 公共服务的人口均衡

　　人口老龄化是 21 世纪我国必须始终面临的重大基本国情之一,将对经济社会发展产生深远影响。我国于 1999 年进入老龄化社会。综合来看,我国人口老龄化呈现出六个方面的主要特点:一是老年人口基数大,2020 年我国 60 岁及以上人口数为 26402 万人,65 岁及以上人口数为 19064 万人,分别占总人口的 18.7% 和 13.5%,老龄人口数超过绝大多数国家的全国人口数。二是老龄化速度比较快,我国是世界上人口老龄化速度最快的国家,据联合国统计,从 1950 年到 20 世纪 90 年代末,世界老年人口数量增长 176%,同期我国老年人口增长 217%。三是人口高龄化趋势明显,随着人均预期寿命的不断增长,人口高龄化趋势将会更加明显。四是人口老龄化呈现出区域性差异,农村的人口老龄化程度和人口老龄化速度均高于城镇,经济发达地区的人口老龄化程度和人口老龄化速度均高于经济欠发达地区。五是人口老龄化呈现出性别差异,女性人口平均预期寿命长于男性,女性人口老龄化程度高于男性,65 岁以上男性人口约为女性的 92.2%。六是人口老龄化速度远远超过经济社会发展水平,我国人口老龄化属于未富先老,进入老龄化时人均国民生产总值仅为 800 美元(见表 3-2)。人口老龄化程度进一步加深,未来一段时期我国将持续面临人口长期均衡协调发展的压力。

表3-2 2011—2020年各年龄段人口比重 （单位:%）

| 年份 | 2011 | 2012 | 2013 | 2014 | 2015 | 2016 | 2017 | 2018 | 2019 | 2020 |
|---|---|---|---|---|---|---|---|---|---|---|
| 0—15岁① | 16.5 | 16.5 | 17.5 | 17.5 | 17.6 | 17.7 | 17.8 | 17.8 | 17.8 | 17.95 |
| 16—59岁② | 69.8 | 69.2 | 67.6 | 67.0 | 66.3 | 65.6 | 64.9 | 64.3 | 64.0 | 63.35 |
| 60岁及以上 | 13.7 | 14.3 | 14.9 | 15.5 | 16.1 | 16.7 | 17.3 | 17.9 | 18.1 | 18.7 |

资料来源:2011—2020年国民经济和社会发展统计公报,第七次全国人口普查报告。

从人口结构上看,老龄化速度加快并进入重度阶段,与人口老龄化相伴随的是,少儿比重呈缓慢上升趋势,但劳动适龄人口比重迅速下降,且劳动力老化现象明显。人口老龄化将对公共服务产生重大影响,需要构建和完善促进人口均衡发展的社会政策体系和社会治理体系。人口老龄化对公共服务的影响直接体现在养老保障、医疗保障和养老服务三个领域。

就养老保障而言,人口老龄化的直接影响就是导致老年负担系数的上升,这意味着劳动年龄人口对老年人的赡养负担在不断加重,带来养老保险基金的财务危机。同时,老年负担系数和少儿负担系数构成总负担系数,这在更大范围内影响到劳动人口的经济行为和生活水平。随着人口老龄化速度的加快和隐性债务支付高峰期的到来,养老金缺口还将继续扩大。近年来,我国养老保险收不抵支的省份显著增加,为确保养老金发放工作的顺利进行,今后财政补贴还将大幅度扩大才能满足养老金支付的需要。2011—2018年,城镇职工基本养老保险基金支出从12765亿元增加到44645亿元,各级财政补贴从2272亿元增加到12153亿元,各级财政补贴占城镇职工基本养老保险基金支出的比重从17.8%增长

---

① 2011年、2012年和2020年数据为0—14岁人数。

② 2011年、2012年和2020年数据为15—59岁人数。

到 27.2%(见表 3-3)。这表明,城镇企业职工基本养老保险基金支出对财政补贴的依赖度越来越高,基金收支压力不断加大。

表 3-3　2011—2018 年各级财政补贴与城镇职工基本养老保险基金支出比较

(单位:亿元、%)

| 年份 | 2011 | 2012 | 2013 | 2014 | 2015 | 2016 | 2017 | 2018 |
|---|---|---|---|---|---|---|---|---|
| 养老保险基金总支出 | 12765 | 15562 | 18470 | 21755 | 25813 | 31854 | 38052 | 44645 |
| 各级财政补贴 | 2272 | 2648 | 3019 | 3548 | 4716 | 6511 | 8004 | 12153 |
| 各级财政补贴占比 | 17.8 | 17.0 | 16.3 | 16.3 | 18.3 | 20.4 | 21.0 | 27.2 |

资料来源:2011—2018 年人力资源和社会保障事业发展统计公报。

就医疗保障而言,人口老龄化将显著增加医疗保险基金的支付压力。医疗保障对老年人来说非常关键,临床医学统计显示,一个人一辈子的医疗费用主要花费在人生的最后几年,医疗费用对于老年人来说将是一笔高额的经济支出。根据全国基本医疗保险统计,占参保职工 25% 的退休人员用掉了基金总支出的 60%。老年人的收入水平相对低于在职劳动者,而医疗费用又相对高于在职劳动者,这使得医疗费用个人自负部分成为体弱多病老年人的沉重负担,一些老年人的养老金还不够支付医药费,从而出现因病致贫现象。

就养老服务而言,人口老龄化、人均预期寿命提高和人均受教育年限增加的影响比较深远。人口老龄化提高了老年抚养比,使占总人口更大比重的老年人需要养老服务,在经济、精力等方面均增加了在职工作人口的养老负担。人均预期寿命提高延长了每个老年人对养老服务的需求期限,而且随着高龄老人的增多,半护理和全护理需求的比重将明显上升,这不仅要求增加养老服务的供给量,也要求调整养老服务的供给结构,还要求提升养老服务的质量。人均受教育年限增加使老年人对晚年生活有了更多的期待，他们除了物质生活外，还有书法、绘画、音乐、社会参与等精神文化层面的需求。"十四五"及未来一段时期，我国人口老龄化程度将继续提高，孤寡、失能、空巢、贫困、高龄等老年群体的规模还将扩大，对养老服务的需求也会更大，对高层次的养老服务需求也会增加。

## 第三节　中等收入群体扩大与公共服务的多元优质

中等收入群体是经济发展的"加速器"、社会稳定的"压舱石"、政治民主的"助推力"和文化发展传承的"生力军"。扩大中等收入群体，关系到全面建设社会主义现代化的顺利推进，既是转方式调结构的必然要求，也是维护社会和谐稳定、国家长治久安的必然要求。进一步培育和扩大中等收入群体，逐步使中等收入者占社会人口的绝大多数，形成高收入者与低收入者占少数、中等收入者占多数的"橄榄型"收入分配结构，充分发挥好中产阶层在经济、社会、政治、文化等各个领域的中坚力量作用，是当前和未来一段时间需要重点关注并着力实现的主题。我国中等收入群体超过3亿人，大致占全球中等收入群体的30%以上，形成了世界上人口最多的中等收入群体，为我国经济从高速增长阶段转向高质量发展阶段奠定了坚实的基础。

中等收入群体对现代社会的生产方式和生活方式有着较强的认同感和归属感，他们不仅不希望社会动荡或者不安定，而且具有自觉维护社会稳定的主动性和积极性。在中等收入者占绝大多数的"橄榄型"社会结构中,作为职业稳定、收入稳定、消费能力和生产能力都比较稳定的中等收入群体,往往能够自动缓解社会领域的诸多矛盾和对立,从而实现经济社会发展的长治久安。

中等收入群体一般具有较高的教育背景和文化素养,对大是大非具有良好的辨别能力,理性思维一般占据主导地位。一方面,他们是法治建设的重要亲历者和贡献者,能够通过科学的程序形式和广泛的民主参与,来推动社会主义法治体系的构建和完善;另一方面,他们更倾向于运用各种合规的法律手段和途径来解决现实中的冲突和矛盾,往往不主张并反对通过激进的变革或暴动来否定现有的社会秩序。因此,中等收入群体既是稳健型、渐进式改革的有力支持者,又是推动国家法治化的重要力量。

"十四五"及未来一段时期,我国中等收入群体规模将进一步扩大,同时新生代群体也在不断壮大,对公共服务、公共安全、社会环境提出了更新、更高的要求。随着中等收入群体和新生代群体规模的扩大,城乡居民的生活消费结构将加速升级,食品、服装、电器等实物消费的比重持续减少,教育、医疗保健、文化娱乐及旅游等服务消费的比重显著增加。消费结构升级将拉动对社会公共服务的需求持续增长,而需求得以满足并转化为消费后,又将带动产品和产业结构的进一步升级调整。在基本的物质消费需求得到满足后,城乡居民对精神文化、健康安全、生活质量的认识和标准将逐步提高,相关需求也会日益增长。全社会不仅将继续保持对教育、医疗卫生、公共文化体育等基本公共服务的旺盛需求,同时对个性化、专业化、潮流化的非基本服务也会提出更高要求,从而形成多层次、多样化的社会服务需求格局。中等收入群体和新生代群体的利益诉求更多更加多元,参与意识更强更加民主,需要构建和完善更加公平公正的公共服务制度和社会治理体系。

## 第四节　区域协调发展与公共服务的统筹均衡

党的十八大以来,在继续推进西部开发、东北振兴、中部崛起、东部率先发展的同时,作为部署优化经济发展空间格局的重要举措,党中央、国务院明确提出重点实施"一带一路"建设,实施京津冀协同发展、长江经济带发展、粤港澳大湾区建设、长三角一体化发展、黄河流域生态保护和高质量发展等区域重大战略,以区域重大战略为引领,形成沿海沿江沿线经济带为主的纵向横向经济轴带,塑造要素有序自由流动、主体功能约束有效、基本公共服务均等、资源环境可承载的区域协调发展新格局。随着区域重大战略的深入推进,在践行创新、协调、绿色、开放、共享发展理念的基础上,资源空间配置加速优化升级,区域经济增长新引擎快速形成,经济增长的巨大潜力进一步显现。区域发展多头并进,是近年来我国区域发展的一个重大而积极的转变,中西部地区连续10年实现经济增速超过东部地区,东部、中部、西部区域发展的差距正逐步缩小。生机勃勃的城市群发展,一批新兴的经济增长极加速形成,正成为区域经济快速发展的重要支撑。

从区域结构上看,东部、西部发展差距基本保持稳定,南北差距日益显著,东北和西部地区外流型人口负增长现象突出,近年来"抢人大战"凸显全面影响,需要构建和完善区域协调发展的社会政策和社会治理体系。在区域协调发展中,要进一步加强基础设施建设,重在创新体制机制,激活人才、科技、资源等优势,促进生产要素在更广范围内自由流动,提升基本公共服务水平和生态保障支持能力。加大对省域内基本公共服务薄弱地区扶持力度,通过完善事权划分、规范转移支付等措施,逐步缩小县域间、地市间服务差距。强化跨区域统筹合作,促进服务项目和标准水平衔接。《中华人民共和国国民经济和社会发展第十四个五年规划和2035年远景目标纲要》提出,要推动城乡区域基本公共服务制度统一、质量水平有效衔接。按照常住人口规模和服务半径统筹基本公共服务设施布局和共建共享,促进基本公共服务资源向基层延伸、向农村覆盖、向边远地区和生活困难群众倾斜。

围绕缩小区域间基本公共服务差距和推动区域间基本公共服务均等化,全国各地区在区域一体化发展中均将基本公共服务纳入协同发展的统筹考虑范围,只是在具体措辞上有同城化、一体化、共建共享、便利共享等表述上的差异,但本质上是基本一致的。《京津冀协同发展规划纲要》提出,要促进优质公共服务资源均衡配置,合力推进教育医疗、社会保险、公共文化体育等社会事业发展,逐步提高公共服务均等化水平。到2017年,实现京津冀公共服务规划和政策统筹衔接,在教育、医疗、文化等方面开展改革试点,逐步推广。到2020年,河北与京津的公共服务差距明显缩小,区域基本公共服务均等化水平明显提高,公共服务共建共享体制机制初步形成。重点是建立统一规范灵活的人力资源市场,统筹教育事业发展,加强医疗卫生联动协作,推动社会保险顺畅衔接,提升公共文化体育水平。《粤港澳大湾区发展规划纲要》提出,要坚持以人民为中心的发展思想,积极拓展粤港澳大湾区在教育、文化、旅游、社会保障等领域的合作,共同打造公共服务优质、宜居宜业宜游的优质生活圈。《长江三角洲区域一体化发展规划纲要》提出,要加快公共服务便利共享,坚持以人民为中心,加强政策协同,提升公共服务水平,促进社会公平正义,不断满足人民群众日益增长的美好生活需要,使一体化发展成果更多更公平惠及全体人民。《长江经济带发展规划纲要》提出,要加快教育合作发展,推进公共文化协同发展,加强医疗卫生联动协作,完善区域社会保障体系。《淮河生态经济带发展规划》提出,要促进基本公共服务共建共享,坚持以人民为中心的发展思想,强化基本公共服务共建共享,提升人民健康水平和人口素质,共同弘扬淮河文化,创新社会治理体制,全面提升经济带基本公共服务均等化水平。

## 第五节　新技术广泛应用与公共服务的开放包容

目前,我国以新产业、新业态、新商业模式为主要表现形式的新经济异军突起并迅猛发展,在释放发展新动能、缓解经济下行压力、稳定和促进就业、满足人民多样化美好生活需要方面发挥了巨大作用。特别是在"互联网+"等新经济引擎的助推下,我国的经济格局正在发生前所未有的新变化,有效地激发了经济活力。新经济形态下,就业形式更加多元多样化,相应的薪酬工资、劳动关系、劳动权益和社保待遇都会发生变化,需要构建和完善与之相适应的就业和社会保障体系。新行业新业态快速发展,使企业用工管理和劳动者的劳动形态发生深刻变化。特别是随着互联网等新经济的蓬勃发展,一些非规则用工形式大量出现。这些非规则用工大多未纳入劳动法律调整,特别是互联网企业的用工管理和劳动

者的劳动形态发生了深刻变化,企业用工碎片化,工作场所虚拟化。新经济同时兼具就业挤出与就业拉动的双重效应,其新增加就业岗位具有更多的灵活性,并形成了大量新型就业形式,对于劳动市场用工结构产生深刻影响,正规就业占比下降,非正规就业大幅增加。新经济为部分传统行业带来颠覆性创新的同时,物联网、云计算、电子商务等新经济业态就业带动效应明显,直接、间接创造了大量的就业创业机会。新经济形态下,就业形式、生活模式和人际交往都将发生重大调整,对基本公共服务提出了全新要求,需要引起足够重视和高度关注。

以云计算、大数据、智能化和物联网等为代表的新技术不断涌现,信息化对经济社会发展的引擎作用日益凸显。"十四五"及未来一段时期,人工智能将得到深度应用,形成无时不有、无处不在的智能化环境,全社会的智能化水平大幅提升。越来越多的简单性、重复性、危险性任务由人工智能完成,个体创造力得到极大发挥,形成更多高质量和高舒适度的就业岗位。精准化智能服务更加丰富多样,人们能够最大限度地享受高质量服务和便捷生活。社会治理智能化水平大幅提升,社会运行更加安全高效。以大数据和智能化为代表的新技术广泛应用,需要构建更加开放包容的公共服务制度和社会治理体系。围绕教育、医疗、养老等迫切民生需求,人工智能将加快创新应用,为公众提供个性化、多元化、高品质服务。智能技术将推动人才培养模式、教学方法改革,构建包含智能学习、交互式学习的新型教育体系,人工智能将在教学、管理、资源建设等全流程应用。人工智能带来治疗新模式新手段,建立快速精准的智能医疗体系,人机协同临床智能诊疗方案得到研发和推广,人工智能带来大规模基因组识别、蛋白组学、代谢组学等研究和新药研发。健康大数据分析、物联网等关键技术有助于推动健康管理实现从点状监测向连续监测、从短流程管理向长流程管理转变,老年人产品智能化和智能产品适老化水平得到大幅提升。围绕行政管理、司法管理、城市管理、环境保护等社会治理的热点、难点问题,促进人工智能技术应用,推动社会治理现代化。面向开放环境的决策引擎能够在复杂社会问题研判、政策评估、风险预警、应急处置等重大战略上服务于政府决策,加强政务信息的资源整合和公共需求的精准预测。智慧城市、智慧交通、智能环保的深入推进,将推动城市治理水平的全面提升。人工智能应用推动构建监测、预警和控制平台,有助于提升公共安全保障能力。通过研发下一代社交网络,加快增强现实、虚拟现实等技术推广应用,促进虚拟环境和实体环境协同融合,人工智能技术将在增强社会互动、促进可信交流中发挥重要作用。

# 第四章　基本公共服务标准体系的构建

建立健全基本公共服务标准体系,明确中央与地方提供基本公共服务的质量水平和支出责任,以标准化促进基本公共服务均等化、普惠化、便捷化,是新时代提高保障和改善民生水平、推进国家治理体系和治理能力现代化的必然要求,不断满足人民日益增长的美好生活需要、不断促进社会公平正义、不断增进全体人民在共建共享发展中的获得感、幸福感和安全感,具有十分重要的实践意义。

## 第一节　基本公共服务标准体系的整体结构

2018 年,中共中央办公厅、国务院办公厅印发了《关于建立健全基本公共服务标准体系的指导意见》,其中提出了四项重点任务,即要完善各级各类基本公共服务标准、明确国家基本公共服务质量要求、合理划分基本公共服务支出责任和创新基本公共服务标准实施机制。其中,各级各类基本公共服务标准包括国家基本公共服务标准。

## 一、国家基本公共服务标准

基本公共服务标准是指在一定时期内为实现既定目标而对基本公共服务活动所制定的技术和管理等规范。基本公共服务标准主要包括建设类标准、管理类标准和服务类标准,其中,建设类标准主要指基本公共服务中需要配套建设内容(设施建设、设备配备)的具体标准,管理类标准主要指基本公共服务中涉及的内部管理性内容(人员配备、经费投入)的具体标准,服务类标准主要指基本公共服务中软性服务内容(服务规范、服务流程)的具体标准。基本公共服务标准化是运用标准化的原则和方法,通过制定和实施基本公共服务标准,以解决基本公共服务方面的问题并获得公共服务方面的最佳秩序,实现基本公共服务的数量指标化、质量目标化、方法规范化和过程程序化,保障公民享有优质与有效基本公共服务的过程。

国家基本公共服务标准是全国层面的基本公共服务标准,是指在考虑国家经济社会发展水平和财政保障能力的基础上,基本公共服务相关部门制定的设施建设、设备配置、人员配备、服务管理等软硬件标准,包括服务项目、支付类别、服务对象、质量标准、支出责任、牵头负责单位等要素,并作为政府履行公共服务职责和人民享有相应权利的依据。国家基本公共服务标准是基本公共服务标准的基准,地方标准和行业标准必须高于这一标准,但也不能完全脱离这一标准。

## 二、构建国家基本公共服务标准体系的意义

第一,有助于政府更好履行基本公共服务供给责任。基本公共服务是满足全体公民生存和发展的基本需要,享有基本公共服

务是每个公民的基本权利,这就天然决定了政府在基本公共服务提供中承担主导和兜底职能。国家基本公共服务标准涵盖基本公共服务各领域服务项目的主要内容、服务对象、指导标准、支出责任和牵头负责单位。科学合理地确定基本公共服务范围、项目和标准,改善服务机构设施条件,加强配备相关服务人员,尽力而为、量力而行,不断完善基本公共服务供给体系,提高基本公共服务保障水平,使全体公民能够享有与经济社会发展水平相适应的基本生存和发展权利。制定国家基本公共服务标准,能够增加基本公共服务政策的透明度,使公众知晓法律法规和政策文件的要求,以及各服务部门的职责与服务流程,最大限度地降低基本公共服务供给中不合理的操作弹性。通过标准的形式界定基本公共服务部门的职责,规范各类服务行为,缩小工作时限和优化服务流程,并能直接节约和降低一般公共服务支出,从而提高基本公共服务供给的质量和效能。城乡居民能够通过基本公共服务标准实施过程,从切身利益的变化中感受到政府在努力缩小基本公共服务差距,从而提高对政府工作的满意度,并主动配合政府各项基本公共服务政策的有效实施。

第二,为行业和地方制定基本公共服务标准提供基准。基本公共服务标准体系涵盖国家、行业、地方和基层服务机构 4 个层面,其中,国家基本公共服务标准是行业、地方和基层服务机构标准的基础。国家标准是最低标准,也是指导标准,为其他标准的制定和修订提供了样本和参照。行业标准要确保落实好国家基本公共服务标准,适度考虑本领域的长远发展需要,同时还要注意各领域之间的统筹衔接。地方标准要依据国家基本公共服务质量等标准以及各领域标准规范,与国家基本公共服务规划和标准衔接,标准水平既不得低于国家标准,也不得脱离实际盲目攀高。基层服务机构标准直接面向服务对象,要方便实用、清晰明了和简单易行,包括服务指南、行为规范、质量承诺、服务记录追溯、服务绩效评价等内容。

第三,有助于合理划分中央和地方的支出责任。合理划分中央与地方财政事权和支出责任是政府有效提供基本公共服务的前提和保障。针对中央与地方财政事权和支出责任划分不清晰、不合理、不规范等问题,2016 年国务院印发了《关于推进中央与地方财政事权和支出责任划分改革的指导意见》,明确了中央与地方财政事权和支出责任划分改革的总体要求和基本原则,有关部门正在按照相关工作部署有序推进分领域财政事权和支出责任划分改革。要按照"谁的财政事权谁承担支出责任"的原则,确定基本公共服务领域中央和地方支出责任及承担方式。属于中央的财政事权由中央承担支出责任,所需资金由中央财政予以保障,不得要求地方安排配套资金。属于地方的财政事权由地方承担支出责任,所需资金原则上通过自有财力安排经费,相关收支缺口除部分资本性支出通过依法发行地方政府债券等方式安排外,主要通过上级政府给予的一般性转移支付弥补。中央与地方共同财政事权由中央与地方共同承担支出责任,所需资金主要实行中央与地方按比例分担,并保持基本稳定。

第四,有助于推进国家治理体系和治理能力现代化。国家治理体系包括国家治理的一系列比较成熟、比较系统的制度、规范与准则。标准化在基本公共服务领域的运用,是推进国家治理体系现代化的重要组成部分。制定国家基本公共服务标准,明确了基本公共服务的实现目标,优化了基本公共服务的资源配置,明晰了基本公共服务的责任权属,保证了基本公共服务的优质、高效和稳定供给。同时,制定国家基本公共服务标准可以使城乡居民从切身利益的变化中感受到政府的公共服务行为,从而提高民众对政府公共服务的满意度。基本公共服务标准效能的充分发挥,不仅可以增强政府的公共服务意识,而且可以提高政府的公共服务能力和效率,进而促进基本公共服务的均等化。

### 三、构建国家基本公共服务标准体系的基本理念

构建国家基本公共服务标准体系,要坚持以人民为中心的发展思想,坚持问题导向和目标导向,抓住人民最关心最直接最现实的利益问题,多谋民生之利、多解民生之忧,增进民生福祉,努力在幼有所育、学有所教、劳有所得、病有所医、老有所养、住有所居、弱有所扶等方面不断取得新进展。要坚持与经济社会发展阶段相适应,国家基本公共服务标准要确保基本公共服务覆盖全民、兜住底线、均等享有,促进基本公共服务资源向基层延伸、向农村覆盖、向边远地区和生活困难群众倾斜。要坚持普惠均等理念,坚持底线公平、机会均等,切实保障公民的基本权利,保障公民享有最基本的公共服务,保障公民平等的发展机会,不断满足人民日益增长的美好生活需要,不断促进社会公平正义,使人民获得感、幸福感、安全感更加充实、更有保障、更可持续。

### 四、构建国家基本公共服务标准体系的逻辑原则

第一,尽力而为,量力而行。制定国家基本公共服务标准既要结合我国经济社会发展阶段实力和财力状况,不断加大保障和改善民生工作力度,又要充分考虑各地发展的阶段性特征和财政承

受能力,合理引导社会预期和确定标准水平,不能一味提高标准、盲目攀比,作出不切实际的福利承诺和空头支票。国家基本公共服务标准过低,难以对政策实践发挥实质性指导作用,过高则会给公共财政造成较大压力,一旦无法兑现就会有损政府形象和失去群众信任。

第二,兜住底线,保障基本。明确政府兜底保障的标准与水平,促进基本公共服务资源向基层延伸、向农村覆盖、向边远地区和生活困难群众倾斜,织密扎牢民生保障网。

第三,统筹协调,动态调整。制定国家基本公共服务标准既要坚持中央统筹,中央政府确定基本公共服务领域、内容、服务对象、质量标准的基准,又要充分考虑到我国城乡差异和区域差异的客观实际,赋予地方政府一定的自主权和裁量权,因地制宜细化完善地方具体实施配套标准,推动各级各类标准水平衔接平衡、大体一致,并适时进行动态调整。中央政府没有统筹协调好,就会造成各地一盘散沙、各自为政,基本公共服务标准就会失去存在价值。

第四,政府主导,多元参与。制定国家基本公共服务标准要突出政府在基本公共服务供给保障中的主体地位,强化标准落实和监督问责,同时也要充分发挥市场机制作用,积极引导社会组织、相关企事业单位和公众参与,推动基本公共服务提供主体多元化和提供方式多样化。当前社会力量有参与基本公共服务标准制定和基本公共服务提供的积极性,基本公共服务有需要社会力量发挥作用的空间,两者融合发展就会形成强大合力。

第五,创新机制,便民利民。以服务半径和服务人口为基本依据,统筹基本公共服务设施布局和共建共享,推进信息化应用和"一站式"办理,提高经办机构标准化服务管理水平,使群众能够便捷享有各项基本公共服务。

## 五、构建国家基本公共服务标准体系的工作思路

第一,明确职责,优化流程。公共服务机构应将标准化手段引入自身工作管理,运用简化、统一、协调、优化等标准化原理,对重复性的服务和活动建立标准、实现规范化操作,梳理提供基本公共服务的职能和职责,优化基本公共服务流程,从而提升基本公共服务效率、缩短基本公共服务提供时间、提高基本公共服务的水平和质量。

第二,公开透明,信息共享。公共服务机构应将必要的基本公共服务信息向社会公开,公共服务机构之间要实现信息的公开透明和数据共享,减少部门之间的信息闭塞造成的效率低下。通过制定和实施信息公开、数据编码等方面标准,为基本公共服务的公开透明提供技术支撑。

第三,综合思维,系统推进。基本公共服务机构将公共服务的档案管理、文件管理、职能管理、人事管理以及事项管理等规章制度有机结合,形成法律法规、规范性文件、规章制度、标准等共同组成的"泛标准"体系,充分发挥法律法规、标准规范的协同作用。同时,不同领域、不同地区的基本公共服务存在差异,应建立起适合自身特色的标准体系。

第四,适度超前,创新发展。要将基本公共服务先进理论、管理和服务模式转化为管理和服务标准规范,提高标准的科学性、技术性、前瞻性和引领性,使标准成为基本公共服务创新成果转化的重要桥梁。同时借鉴国际标准和国外先进标准,创新模式,引领基本公共服务标准化的科学发展。

### 六、构建国家基本公共服务标准体系的逻辑框架

《关于建立健全基本公共服务标准体系的指导意见》要求构建以"幼有所育、学有所教、劳有所得、病有所医、老有所养、住有所居、弱有所扶"等为统领,涵盖公共教育、劳动就业创业、社会保险、医疗卫生、社会服务、住房保障、公共文化体育、优抚安置、残疾人服务等九个领域的国家基本公共服务标准体系。

按照国家基本公共服务标准的功能和层次结构进行分类,将其分为基本公共服务基础标准、通用标准、专业标准三类标准,然后对这三类标准进行细分。(1)国家基本公共服务基础标准。基本公共服务基础标准是在基本公共服务范围内,作为制定各领域具体专业标准的基础并普遍使用,具有广泛指导意义的标准。基本公共服务基础标准主要包括基本公共服务准则、分类、术语、标识与符号等标准系列。(2)国家基本公共服务通用标准。通用标准是指具有通用效果的标准,基本公共服务通用标准包括质量标准、组织标准、人员标准和信息标准、财政事权和支出责任标准等。(3)国家基本公共服务专业标准。基本公共服务专业标准是指各领域的具体标准。基本公共服务专业标准包括公共教育标准、公共卫生标准、公共文化体育标准、生活保障标准(含养老保险、最低生活保障、特困人员供养、残疾人保障标准)、住房保障标准、就业保障标准、医疗保障标准等。

对照基本公共服务项目清单,根据供给方式不同,可以将国家基本公共服务项目分为服务类、补贴类和保险类,不同类别对应的标准侧重点也不同。服务类项目即政府主导,依托相应设施为市民提供相关服务的项目,如义务教育服务、劳动人事争议调解仲裁、儿童保健、院前急救、社区居家照护服务等。服务类项目侧重

于服务内容标准、设施标准、人员配备标准等。补贴类项目即政府主导,按照一定标准以"现金""服务券""减免"等直接或间接方式提供给部分市民一定金额的财政支持,如义务教育资助、参加居民医疗保险补贴、基本殡葬服务补贴、廉租住房租金补贴、困难残疾人生活补助和重度残疾人护理补贴等。补贴类项目侧重于金额的发放标准。保险类项目主要是养老保险、医疗保险、失业保险、工伤保险、生育保险等社会保险项目。保险类项目侧重于服务内容和资金额度标准。

## 第二节 国家基本公共服务标准的主要内容

### 一、确定依据和来源

#### 1. 政策依据和来源

国家基本公共服务标准体系的具体内容是这一体系的核心。具体内容的确定依据主要是《关于建立健全基本公共服务标准体系的指导意见》《"十三五"推进基本公共服务均等化规划》等综合性文件,以及《基本公共服务领域中央与地方共同财政事权和支出责任划分改革方案》《关于加快构建现代公共文化服务体系的意见》等部门文件,通过对现有文件的相关规定进行梳理和归纳,形成了国家基本公共服务标准的主体内容。其中,国家基本公共服务标准的主要内容源于"十三五"时期基本公共服务清单,小部分源于"十三五"时期出台的政策文件。进一步细分来看,国家基本公共服务标准的具体内容主要包括服务内容、服务对象、服务指导标准和支出责任这四个方面。

国家基本公共服务标准的服务内容、服务对象、服务指导标准和支出责任,主要依据于"十三五"国家基本公共服务清单。"十三五"国家基本公共服务清单界定了8大领域81项具体内容,每一项具体内容均有相应的服务项目、服务对象、服务指导标准、支出责任和牵头负责单位。国家基本公共服务标准按照幼有所育、学有所教、劳有所得、病有所医、老有所养、住有所居、弱有所扶、优军优抚保障、文化体育保障9个方面来进行重新组合,体现出基本公共服务由行业特点向服务特性的转变。但是基本内容的调整幅度并不大,覆盖领域没有增加,主要内容有所增减,部分指导标准有所提高,以更好体现国家基本公共服务内容的延续性和适应性。

国家基本公共服务标准的支出责任除源于"十三五"国家基本公共服务清单的规定外,还有《基本公共服务领域中央与地方共同财政事权和支出责任划分改革方案》。该方案规定,纳入中央与地方共同财政事权范围目前暂定为8大类18项:一是义务教育,包括公用经费保障、免费提供教科书、家庭经济困难学生生活补助、贫困地区学生营养膳食补助4项;二是学生资助,包括中等职业教育国家助学金、中等职业教育免学费补助、普通高中教育国家助学金、普通高中教育免学杂费补助4项;三是基本就业服务,包括基本公共就业服务1项;四是基本养老保险,包括城乡居民基本养老保险补助1项;五是基本医疗保障,包括城乡居民基本医疗保险补助、医疗救助2项;六是基本卫生计生,包括基本公共卫生服务、计划生育扶助保障2项;七是基本生活救助,包括困难群众救助、受灾人员救助、残疾人服务3项;八是基本住房保障,包括城乡保障性安居工程 1 项。基本公共服务领域共同财政事权范围随着经济社会发展和相关领域管理体制改革相应进行调整。同时该方案规定,根据地区经济社会发展总体格局、各项基本公共服务的不同属性以及财力实际状况,基本公共服务领域中央与地方共同财政事权的支出责任主要实行中央与地方按比例分担,并保持基本稳定,大多数基本公共服务实行中央分档分担办法。如义务教育公用经费保障,中央与地方按比例分担支出责任,第一档为 8:2,第二档为 6:4,其他为 5:5。家庭经济困难学生生活补助,中央与地方按比例分担支出责任,各地区均为 5:5,对人口较少民族寄宿生增加安排生活补助所需经费,由中央财政承担。

## 2. 实践基础

基于标准体系在基本公共服务体系建设中的突出地位,各部门、各地方已经在不同程度上开展了基本公共服务标准化的改革探索,取得了一些较好成效,积累了一些成功经验。

从行业来看,教育领域,《国家中长期教育改革和发展规划纲要(2010—2020 年)》明确提出,"制定教育质量国家标准","建立和完善国家教育基本标准"。劳动就业创业领域,国家质检总局、国家标准委 2017 年批准了《公共就业服务总则》《公共就业服务术语》《就业援助服务规范》《就业登记管理服务规范》《失业登记管理服务规范》《职业介绍服务规范》《公共就业服务中心设施设备要求》《职业指导服务规范》等 8 项国家标准。基本医疗卫生领域,《医疗机构基本标准(试行)》对医院、妇幼保健院、卫生院、门诊部等医疗机构,从床位、科室设置、人员、房屋、设备、制度、注册资金等方面制定了具体标准。基本社会服务领域,民政部 2012 年发布了《养老机构基本规范》,国家质检总局、国家标准委 2017 年发布了《养老机构服务质量基本规范》。公共文化领域,国家印发了《国家基本公共文化服务指导标准(2015—2020 年)》。

从地方来看,上海、广东、浙江、江苏等省份积极探索基本公共服务标准体系建设,出台了一些具有开创性的政策措施,有力地推动了基本公共服务的标准化。上海市发布了《上海市基本公共服务项目清单》,初步明确了96 个基本公共服务项目的服务对象、服务内容、保障标准,初步形成了系统化的标准体系框架。江苏省制定出台了《江苏省"十三五"时期基层基本公共服务功能配置标准》,分别提出了乡镇、街道、行政村、城市社区、自然村和居住小区的配置标准。2017 年,浙江省制定出台了《浙江省基本公共服务标准体系建设方案(2017—2020 年)》,明确了义务教育、最低生活保障、基本养老服务、基本社保管理、公共卫生服务、基本公共文化服务等 16 个领域的重点标准制定内容,并将海盐县作为试点县进行改革探索。

## 二、幼有所育

### 1. 服务内容

国家提供孕期优生优育服务,对符合条件的农村计划怀孕夫妇实施免费孕前优生健康检查,为0—6 岁儿童提供健康管理和预防接种,为普惠性幼儿园在园的家庭经济困难儿童、孤儿和残疾儿童提供学前教育资助,加强困境儿童保障和农村留守儿童关爱保护,让所有幼儿得到更好的养育和教育。

### 2. 服务对象

孕产妇健康管理的服务对象为孕产妇。免费孕前优生健康检查的服务对象为计划怀孕夫妇。避孕节育技术服务的服务对象为育龄人群,免费提供避孕药具的服务对象为育龄人群。生育保险的服务对象为各类企业、机关、事业单位、社会团体等用人单位及职工。预防接种的服务对象为0—6岁儿童和其他重点人群。儿童健康管理的服务对象为0—6岁儿童。儿童中医药健康管理的服务对象为0—36个月儿童。困境儿童保障的服务对象为因家庭贫困导致生活、就医、就学等困难的儿童,因自身残疾导致康复、照料、护理和社会融入等困难的儿童,以及因家庭监护缺失或监护不当遭受虐待、遗弃、意外伤害、不法侵害等导致人身安全受到威胁或侵害的儿童。农村留守儿童关爱保护的服务对象为父母双方外出务工或一方外出务工另一方无监护能力、未满16周岁的农村户籍未成年人。

### 3. 服务指导标准

孕产妇健康管理的服务指导标准为,为辖区内常住的孕产妇规范提供孕期保健、产后访视及健康指导等服务。免费孕前优生健康检查的服务指导标准为,为每孩提供1次免费孕前优生健康检查服务。避孕节育技术服务的服务指导标准为,免费提供避孕节育服务,为符合条件的育龄夫妇提供免费再生育技术服务,提供避孕节育、优生优育、生殖健康、健康生活方式等宣传、咨询服务。生育保险的服务指导标准为,基金支付生育期间的医疗费和生育津贴,生育津贴按职工所在用人单位上年度职工月平均工资计发。预防接种的服务指导标准为,针对性接种国家免疫规划疫苗。儿童健康管理的服务指导标准为,开展新生儿保健、生长发育与监测、营养与喂养指导、儿童早期发展、儿童心理行为发育评估与指导等服务,加强儿童视力、听力和口腔保健。困境儿童保障的服务指导标准为,提供基本生活、基本医疗、教育等服务。农村留守儿童关爱保护的服务指导标准为,提供家庭监护监督、学校教育关爱、村民排查探访、社会力量关爱、救助保护等服务。

### 4. 支出责任

幼有所育领域基本公共服务的支出责任主要有四种:一是地方人民政府负责;二是地方人民政府负责,中央财政适当补助;三是中央和地方财政按比例分担;四是中央和地方财政共同承担;地方人民政府负责,中央财政适当补助。

### 三、学有所教

### 1. 服务内容

国家完善基本公共教育制度,加快义务教育均衡发展,保障所有适龄儿童、青少年平等接受教育,不断提高国民基本文化素质。本领域服务具体包括:免费义务教育、农村义务教育学生营养改善、寄宿生生活补助、普惠性学前教育资助、中等职业教育国家助学金、中等职业教育免除学杂费、普通高中国家助学金、免除普通高中建档立卡等家庭经济困难学生学杂费。

## 2. 服务对象

学有所教领域的服务对象如表4-1所示。

表4-1　学有所教领域的服务对象

| 服务项目 | 服务对象 |
|---|---|
| 免费义务教育 | 义务教育学生 |
| 农村义务教育学生营养改善 | 贫困地区农村义务教育学生 |
| 寄宿生生活补助 | 义务教育家庭经济困难寄宿学生 |
| 普惠性学前教育资助 | 普惠性幼儿园在园家庭经济困难儿童、孤儿和残疾儿童 |
| 中等职业教育国家助学金 | 在校涉农专业学生和非涉农专业家庭经济困难学生,特殊困难地区农村学生 |
| 中等职业教育免除学杂费 | 公办学校所有农村学生,城市涉农专业学生和家庭经济困难学生,符合条件的民办职业学校学生 |
| 普通高中国家助学金 | 普通高中在校生中的家庭经济困难学生 |
| 免除普通高中建档立卡等家庭经济困难学生学杂费 | 公办普通高中建档立卡等家庭经济困难在校学生,符合条件的民办普通高中学生 |

## 3. 服务指导标准

学有所教领域的服务指导标准如表4-2所示。

表4-2　学有所教领域的服务指导标准

| 服务项目 | 服务指导标准 |
|---|---|
| 免费义务教育 | 对城乡义务教育学生免除学杂费,免费提供教科书,统一城乡义务教育学校生均公用经费基准定额 |
| 农村义务教育学生营养改善 | 在集中连片特困地区开展国家试点,中央财政为试点地区学生提供每生每年800元的营养膳食补助 |
| 寄宿生生活补助 | 小学生每生每年1000元,初中生每生每年1250元 |
| 普惠性学前教育资助 | 减免保育教育费,补助伙食费 |

续表

| 服务项目 | 服务指导标准 |
|---|---|
| 中等职业教育国家助学金 | 国家助学金每生每年 2000 元,中央财政按区域确定家庭经济困难学生比例 |
| 中等职业教育免除学杂费 | 免除学杂费,公办中等职业学校每生每年 2000 元标准,符合条件的民办职业学校学生参照执行 |
| 普通高中国家助学金 | 国家助学金平均资助标准为每生每年 2000 元 |
| 免除普通高中建档立卡等家庭经济困难学生学杂费 | 免除学杂费,符合条件的民办学校学生参照执行 |

## 4. 支出责任

学有所教领域的支出责任主要有两种:一是中央与地方分档按比例分担;二是地方人民政府负责,中央财政予以奖补。

## 四、劳有所得

### 1. 服务内容

国家实施就业优先战略,大力推动大众创业、万众创新,鼓励以创业带动就业,健全覆盖城乡的公共就业创业服务体系,加强职业培训,维护职工和企业合法权益,构建和谐劳动关系,推动实现比较充分和更高质量的就业。本领域服务具体包括:基本公共就业服务、创业服务、就业援助、就业见习服务、大中城市联合招聘服务、职业技能培训和技能鉴定、"12333"人力资源和社会保障服务热线电话咨询、劳动关系协调、劳动人事争议调解仲裁、劳动保障监察。

### 2. 服务对象

劳有所得领域的服务对象如表 4-3 所示。

表 4-3    劳有所得领域的服务对象

| 服务项目 | 服务对象 |
|---|---|
| 基本公共就业服务 | 有就业需求的劳动年龄人口 |
| 创业服务 | 有创业需求的劳动者 |
| 就业援助 | 零就业家庭和符合条件的就业困难人员 |
| 就业见习服务 | 离校一年内未就业高校毕业生 |
| 大中城市联合招聘服务 | 有求职愿望的高校毕业生和青年人才以及有招聘需求的各类用人单位 |
| 职业技能培训和技能鉴定 | 城乡各类有就业创业、提升岗位技能要求和培训愿望的劳动者 |
| "12333"人力资源和社会保障服务热线电话咨询 | 所有单位和个人 |
| 劳动关系协调 | 用人单位和与之建立劳动关系的劳动者 |
| 劳动人事争议调解仲裁 | 存在劳动人事关系的用人单位和劳动者 |
| 劳动保障监察 | 各类用人单位和劳动者 |

## 3. 服务指导标准

劳有所得领域的服务指导标准如表 4-4 所示。

表 4-4    劳有所得领域的服务指导标准

| 服务项目 | 服务指导标准 |
|---|---|
| 基本公共就业服务 | 提供就业政策法规咨询、职业供求信息、市场工资指导价位信息和职业培训信息、职业指导和职业介绍、就业登记和失业登记、流动人员人事档案管理等服务 |
| 创业服务 | 提供项目选择、开业指导、融资对接、岗位信息等服务,对符合政策规定的创业者提供创业担保贷款扶持 |
| 就业援助 | 提供政策咨询、职业指导、岗位信息等服务,使城镇有就业能力的零就业家庭至少一人就业 |
| 就业见习服务 | 组织有意愿的离校未就业毕业生参加就业见习,为见习人员办理人身意外保险,为见习人员提供基本生活补助 |

续表

| 服务项目 | 服务指导标准 |
|---|---|
| 大中城市联合招聘服务 | 提供大中城市联动、线上线下融合的招聘服务,提供职业能力测试和评估、简历(岗位)筛查和需求分析等就业服务 |
| 职业技能培训和技能鉴定 | 贫困家庭子女、毕业年度高校毕业生、城乡未继续升学的应届初高中毕业生、农村转移就业劳动者、城镇登记失业人员,以及符合条件的企业在职职工可按规定享受职业培训补贴,符合条件人员享受职业技能鉴定补贴 |
| "12333"人力资源和社会保障服务热线电话咨询 | 提供就业、社会保障、劳动关系、人事制度、工资收入分配等方面的政策咨询及信息查询服务。人工服务为5×8小时,自助语音服务为7×24小时,综合接通率达到80%以上 |
| 劳动关系协调 | 提供劳动关系政策咨询、劳动用工指导、获得劳动合同和集体合同示范文本、劳动纠纷调解、集体协商指导等服务,推动企业劳动合同签订率达到90%以上 |
| 劳动人事争议调解仲裁 | 提供劳动人事争议调解和仲裁服务,推动劳动人事争议调解成功率达到60%以上,仲裁案件结案率达到90%以上 |
| 劳动保障监察 | 提供法律咨询和执法维权服务 |

## 4. 支出责任

劳有所得领域的支出责任主要有两种:一是地方人民政府负责;二是地方人民政府负责,中央财政适当补助。

## 五、病有所医

## 1. 服务内容

国家建立健全覆盖城乡居民的基本医疗卫生制度,推进健康中国建设,坚持计划生育基本国策,以基层为重点,以改革创新为动力,预防为主、中西医并重,提高人民健康水平。本领域服务具体包括:居民健康档案、健康教育、传染病及突发公共卫生事件报告和处理、慢性病患者管理、严重精神障碍患者管理、卫生计生监督协管、结核病患者健康管理、中医药健康管理、艾滋病病毒感染者和病人随访管理、社区艾滋病高危行为人群干预、基本药物制度、食品药品安全保障。

## 2. 服务对象

病有所医领域的服务对象如表4-5所示。

表4-5    病有所医领域的服务对象

| 服务项目 | 服务对象 |
|---|---|
| 居民健康档案 | 城乡居民 |
| 健康教育 | 城乡居民 |
| 传染病及突发公共卫生事件报告和处理 | 法定传染病病人、疑似病人、密切接触者和突发公共卫生事件伤病员及相关人群 |
| 慢性病患者管理 | 原发性高血压患者和Ⅱ型糖尿病患者 |
| 严重精神障碍患者管理 | 严重精神障碍患者 |
| 卫生计生监督协管 | 城乡居民 |
| 结核病患者健康管理 | 辖区内确诊的肺结核患者 |
| 中医药健康管理 | 65岁以上老人、0—3岁儿童 |
| 艾滋病病毒感染者和病人随访管理 | 艾滋病病毒感染者和病人 |
| 社区艾滋病高危行为人群干预 | 艾滋病性传播高危行为人群 |
| 基本药物制度 | 城乡居民 |
| 食品药品安全保障 | 城乡居民 |

## 3. 服务指导标准

病有所医领域的服务指导标准如表4-6所示。

表 4-6　病有所医领域的服务指导标准

| 服务项目 | 服务指导标准 |
|---|---|
| 居民健康档案 | 为辖区常住人口建立统一、规范的居民电子健康档案,建档率逐步达到 90% |
| 健康教育 | 提供健康教育、健康咨询等服务 |
| 传染病及突发公共卫生事件报告和处理 | 就诊的传染病病例和疑似病例以及突发公共卫生事件伤病员及时得到发现、登记、报告、处理,传染病报告率和报告及时率均达到 95%,突发公共卫生事件相关信息报告率达到 100% |
| 老年人健康管理 | 提供生活方式和健康状况评估、辅助检查和健康指导等健康管理服务,65 岁及以上老年人健康管理率逐步达到 70% |
| 慢性病患者管理 | 提供登记管理、健康指导、定期随访和体格检查服务,全国计划管理高血压患者约 1 亿人,糖尿病患者约 3500 万人 |
| 严重精神障碍患者管理 | 提供登记管理、随访指导服务,在册患者管理率和精神分裂症治疗率逐步均达到 80% 以上 |
| 卫生计生监督协管 | 提供食品安全信息报告、饮用水卫生安全巡查、学校卫生服务、非法采供血信息报告等服务,逐步覆盖 90% 以上的乡镇 |
| 结核病患者健康管理 | 提供肺结核筛查及推介转诊、入户随访、督导服药、结果评估等服务,结核病患者健康管理服务率逐步达到 90% |
| 中医药健康管理 | 为 65 岁以上老人提供中医体质辨识和中医保健指导服务,为 0—3 岁儿童提供中医调养服务,目标人群覆盖率逐步达到 65% |
| 艾滋病病毒感染者和病人随访管理 | 为艾滋病病毒感染者和病人提供随访服务,感染者和病人规范管理率逐步达到 90% |
| 社区艾滋病高危行为人群干预 | 为艾滋病性传播高危行为人群提供综合干预措施,干预措施覆盖率逐步达到 90% |
| 基本药物制度 | 政府办基层医疗卫生机构全部实行基本药物零差率销售,按规定纳入基本医疗保险药品报销目录,逐步提高实际报销水平 |

续表

| 服务项目 | 服务指导标准 |
| --- | --- |
| 食品药品安全保障 | 对食品药品开展监督检查,及时发现并消除风险,对药品医疗器械实施风险分类管理,提高对高风险对象的监管强度 |

### 4. 支出责任

病有所医领域的支出责任主要有两种:一是地方人民政府负责;二是地方人民政府负责,中央财政适当补助。

## 六、老有所养

### 1. 服务内容

国家为 65 岁及以上老年人提供健康管理服务,为经济困难的高龄、失能老年人提供福利补贴,完善职工基本养老保险和城乡居民基本养老保险制度,不断提高基本养老保障水平。

### 2. 服务对象

职工基本养老保险的服务对象为符合条件的参保退休人员。城乡居民基本养老保险的服务对象为符合条件的城乡居民。老年人福利补贴的服务对象为经济困难的高龄、失能老年人。老年人照顾服务的服务对象为符合条件的老年人。

### 3. 服务指导标准

职工基本养老保险的服务指导标准为,发放基本养老金,包括基础养老金和个人账户养老金,对改革前参加工作、改革后退休的参保人员增发过渡性养老金,建立基本养老金合理调整机制。城乡居民基本养老保险的服务指导标准为,发放基础养老金和个人账户养老金,根据经济发展和物价变动等情况,建立基础养老金水平合理调整机制。老年人福利补贴的服务指导标准为,对经济困难的高龄老年人逐步给予养老服务补贴,对生活长期不能自理、经济困难的老年人给予护理补贴。老年人照顾服务的服务指导标准为,对符合条件的低收入家庭老年人参加城乡居民基本医疗保险所需个人缴费部分,由政府给予适当补贴。减免贫困老年人进入老年大学(学校)学习的学费。

**4. 支出责任**

老有所养领域的支出责任主要有三种:一是地方人民政府负责;二是用人单位和职工缴纳养老保险费,基本养老保险基金支付不足时财政给予补助;三是城乡居民个人缴费,地方人民政府对参保人缴费给予补贴,中央财政给予补助。

**七、住有所居**

**1. 服务内容**

国家建立健全基本住房保障制度,加大保障性安居工程建设力度,加快解决城镇居民基本住房问题和农村困难群众住房安全问题,更好保障住有所居。本领域服务具体包括:公共租赁住房、城镇棚户区住房改造和农村危房改造。

## 2. 服务对象

住有所居领域的服务对象如表4-7所示。

表4-7　住有所居领域的服务对象

| 服务项目 | 服务对象 |
| --- | --- |
| 公共租赁住房 | 符合条件的城镇低收入住房困难家庭、城镇中等偏下收入住房困难家庭、新就业无房职工、城镇稳定就业的外来务工人员 |
| 城镇棚户区住房改造 | 符合条件的城镇居民 |
| 农村危房改造 | 居住在危房中的建档立卡贫困户、分散供养特困人员、低保户、贫困残疾人家庭等贫困农户 |

## 3. 服务指导标准

住有所居领域的服务指导标准如表4-8所示。

表4-8　住有所居领域的服务指导标准

| 服务项目 | 服务指导标准 |
| --- | --- |
| 公共租赁住房 | 实行实物保障与货币补贴并举,并逐步加大租赁补贴发放力度 |
| 城镇棚户区住房改造 | 实物安置和货币补偿相结合,具体标准由市、县级人民政府确定,全国开工改造各类棚户区住房2000万套 |
| 农村危房改造 | 支持符合条件的贫困农户改造危房,各省份确定省级分类补助标准,基本完成存量危房改造任务,统筹开展农房抗震改造 |

## 4. 支出责任

住有所居领域的支出责任主要有三种:一是市、县级人民政府负责,引导社会资金投入,省级人民政府给予资金支持,中央财政给予资金补助;二是政府给予适当补助,企业安排一定的资金,住户承担一部分住房改善费用;三是地方人民政府负责,中央财政安排补助资金、地方财政给予资金支持、个人自筹等相结合。

## 八、弱有所扶

### 1. 服务内容

国家建立完善基本社会服务制度,为城乡居民提供相应的物质和服务等兜底帮扶,重点保障特定人群和困难群体的基本生存权与平等参与社会发展的权利。本领域服务具体包括:最低生活保障、特困人员救助供养、医疗救助、临时救助、受灾人员救助、法律援助、基本殡葬服务。

### 2. 服务对象

弱有所扶领域的服务对象如表4-9所示。

表4-9　弱有所扶领域的服务对象

| 服务项目 | 服务对象 |
|---|---|
| 最低生活保障 | 家庭成员人均收入低于当地最低生活保障标准,且符合当地最低生活保障家庭财产状况规定的家庭 |
| 特困人员救助供养 | 无劳动能力、无生活来源且无法定赡养、抚养、扶养义务人,或者其法定义务人无赡养、抚养、扶养能力的老年人、残疾人以及未满16周岁的未成年人 |
| 医疗救助 | 重点救助对象,低收入救助对象,重特大疾病医疗救助对象,疾病应急救助对象 |
| 临时救助 | 家庭对象,个人对象 |
| 受灾人员救助 | 基本生活受到自然灾害严重影响的人员 |

续表

| 服务项目 | 服务对象 |
|---|---|
| 法律援助 | 经济困难公民和特殊案件当事人 |
| 基本殡葬服务 | 执行国家殡葬政策的困难群众 |

### 3. 服务指导标准

弱有所扶领域的服务指导标准如表4-10所示。

表4-10　弱有所扶领域的服务指导标准

| 服务项目 | 服务指导标准 |
|---|---|
| 最低生活保障 | 按照共同生活的家庭成员人均收入低于当地最低生活保障标准的差额,按月发给最低生活保障金 |
| 特困人员救助供养 | 提供基本生活条件和疾病治疗,给予住房救助和教育救助,对生活不能自理的给予照料 |
| 医疗救助 | 对参加城乡居民基本医疗保险的个人缴费部分进行补贴,对经过基本医疗保险、城乡居民大病保险及各类补充医疗保险、商业保险报销的个人负担费用,给予救助 |
| 临时救助 | 为救助对象发放临时救助金,根据需要发放衣物、食品、饮用水,提供临时住所 |
| 受灾人员救助 | 及时为受灾人员提供必要的食品、饮用水、衣被、取暖、临时住所、医疗防疫等应急救助,并给予资金、物资等救助 |
| 法律援助 | 提供必要的法律咨询、代理、刑事辩护等无偿法律服务 |

### 4. 支出责任

弱有所扶领域的支出责任主要有三种:一是地方人民政府负责;二是地方人民政府负责,中央财政对困难地区适当补助;三是中央和地方人民政府共同负责。

## 九、优军优抚服务

### 1. 服务内容

优军优抚领域的服务内容主要有优待抚恤、退役军人安置和重点优抚对象集中供养。

### 2. 服务对象

优军优抚的服务对象如表4-11所示。

表4-11　优军优抚领域的服务对象

| 服务项目 | 服务对象 |
|---|---|
| 优待抚恤 | 享受国家抚恤补助的优抚人员 |
| 退役军人安置 | 退役军人 |
| 重点优抚对象集中供养 | 重点优抚对象 |

### 3. 服务指导标准

优军优抚领域的服务指导标准如表4-12所示。

表4-12　优军优抚领域的服务指导标准

| 服务项目 | 服务指导标准 |
|---|---|
| 优待抚恤 | 建立完善优抚对象待遇与贡献相一致的优抚保障体系,将抚恤对象优先纳入各项社会保障制度体系 |
| 退役军人安置 | 自主就业的按规定享受扶持就业优惠政策,其他分别采取安排工作、退休、供养等方式予以安置 |
| 重点优抚对象集中供养 | 建立完善优抚对象待遇与贡献相一致的优抚保障体系,依托优抚医院、光荣院,给予符合条件的重点优抚对象集中供养、医疗等保障 |

## 4. 支出责任

优军优抚领域的支出责任主要有两种:一是地方人民政府负责;二是中央和地方人民政府共同负责。

## 十、文化体育保障

### 1. 服务内容

国家构建现代公共文化服务体系和全民健身公共服务体系,促进基本公共文化服务和全民健身基本公共服务标准化、均等化,更好地满足人民群众精神文化需求和体育健身需求,提高全民文化素质和身体素质。本领域服务具体包括:公共文化设施免费开放、送地方戏、收听广播、观看电视、观赏电影、读书看报、少数民族文化服务、参观文化遗产、公共体育场馆开放、全民健身服务。

### 2. 服务对象

文化体育保障的服务对象如表4-13所示。

表4-13    文化体育保障领域的服务对象

| 服务项目 | 服务对象 |
|---|---|
| 公共文化设施免费开放 | 城乡居民 |
| 送地方戏 | 农村居民 |
| 收听广播 | 城乡居民 |
| 观看电视 | 城乡居民 |
| 观赏电影 | 农村居民、中小学生 |
| 读书看报 | 城乡居民 |
| 少数民族文化服务 | 主要少数民族地区居民 |

续表

| 服务项目 | 服务对象 |
| --- | --- |
| 参观文化遗产 | 未成年人、老年人、现役军人、残疾人和低收入人群 |
| 公共体育场馆开放 | 城乡居民 |
| 全民健身服务 | 城乡居民 |

## 3. 服务指导标准

文化体育保障领域的服务指导标准如表4-14所示。

表4-14 文化体育保障领域的服务指导标准

| 服务项目 | 服务指导标准 |
| --- | --- |
| 公共文化设施免费开放 | 公共图书馆、文化馆（站）、公共博物馆（非文物建筑及遗址类）、公共美术馆等公共文化设施免费开放，基本服务项目健全 |
| 送地方戏 | 根据群众实际需求，为农村乡镇每年提供戏曲等文艺演出服务 |
| 收听广播 | 为全民提供突发事件应急广播服务，通过直播卫星、无线模拟、数字音频等方式分别提供不少于17套、6套和15套广播节目 |
| 观看电视 | 通过直播卫星提供25套电视节目，通过地面数字电视提供不少于15套电视节目，未完成无线数字化转换的地区提供不少于5套电视节目 |
| 观赏电影 | 为农村群众提供数字电影放映服务，其中每年国产新片比例不少于1/3，为中小学生每学期提供2部爱国主义教育影片 |
| 读书看报 | 公共图书馆（室）等配备图书、报刊和电子书刊，并免费提供借阅服务，在城镇主要街道等人流密集地点设置公共阅报栏（屏），提供信息服务 |
| 少数民族文化服务 | 提供民族语言广播影视节目，提供民族语言文字出版的常用书报刊、电子音像制品和数字出版产品，提供少数民族特色的艺术作品，开展少数民族文化活动 |
| 参观文化遗产 | 文物建筑及遗址类博物馆实行门票减免，文化和自然遗产日免费参观 |

续表

| 服务项目 | 服务指导标准 |
|---|---|
| 公共体育场馆开放 | 有条件的公共体育设施免费或低收费开放,推进学校体育设施逐步向公众开放 |
| 全民健身服务 | 提供科学健身指导、群众健身活动和比赛、科学健身知识等服务,免费提供公园、绿地等公共场所全民健身器材 |

## 4. 支出责任

文化体育保障领域的支出责任主要有两种:一是地方人民政府负责,中央财政适当补助;二是中央和地方人民政府共同负责。

## 第三节　国家基本公共服务标准的政策举措

### 一、明晰政府支出责任

#### 1. 明确各级政府之间基本公共服务财权事权

明确政府在基本公共服务中的兜底职能。要坚持基本公共服务由政府主导提供,政府通过综合采取各项措施,使全民能够享有与经济社会发展水平相适应的基本生存和发展权利,为保障社会更加公平正义奠定坚实基础。综合考虑法律规定、受益范围、成本效率、基层优先等因素,合理界定中央政府与地方政府的基本公共服务事权和支出责任,建立由中央和地方各级政府分类别、按比例合理负担基本公共服务的机制。制定中央与地方共同财政事权基本公共服务保障国家基础标准。对不易或暂时不具备条件制定国家基础标准的项目,地方可结合实际制定地方标准,待具备条件后由中央制定国家基础标准。地方在确保国家基础标准落实到位前提下,因地制宜制定高于国家基础标准的地方标准,按程序报上级备案后执行,高出部分所需资金自行负担。中央政府主要负责制定国家基本公共服务标准和政策法规,提供涉及中央事权的基本公共服务,协调跨省(自治区、直辖市)的基本公共服务问题,以及对各省级政府提供的基本公共服务进行监督、考核与问责。按照国家统一制度框架,省级政府主要负责制定本地区基本公共服务标准和地方政策法规,提供涉及地方事权的基本公共服务,以及对市级和县级政府提供的基本公共服务进行监督、考核与问责。市级和县级政府具体负责本地基本公共服务的提供以及对基本公共服务机构的监管。逐步将适合更高一级政府承担的事权和支出责任上移,增加中央和省级政府在基本公共服务领域的事权和支出责任。强化省级政府在教育、就业、社会保险、社会服务、医疗卫生等领域基本公共服务的支出责任。

### 2. 健全财力保障机制

完善公共财政预算,优化财政支出结构。各级政府要优先安排预算用于基本公共服务,并确保增长幅度与财力的增长相匹配、同基本公共服务需求相适应,推进实施按照地区常住人口安排基本公共服务支出。加快构建以政府为主导、充分体现社会公平的再分配调节机制。拓宽基本公共服务资金来源。继续安排中央资金,支持贫困地区和薄弱环节提高基本公共服务能力,地方各级政府特别是省级政府要安排相应资金。充分利用国际金融组织贷款等有效融资形式,拓宽政府筹资渠道,增加基本公共服务基础设施投入。加大国有资本经营预算用于基本公共服务的支出比重。扩大全国社会保障基金规模。提高县级财政保障基本公共服务能力。中央财政制定县级基本公共服务财力保障范围和保障标准，并根据相关政策和因素变化情况动态调整。省、市级财政要按照本行政区划内基本公共服务均等化的要求，逐步提高县级财政在省以下财力分配中的比重，帮助困难县（市、区）弥补基本财力缺口。县级政府要强化自我约束，科学统筹财力，规范预算管理。中央财政要完善县级财政保障基本公共服务的激励约束机制，根据基层工作实绩实施奖励。

## 二、健全信息公开机制

### 1. 建立基本公共服务标准化信息共享平台

信息化手段是标准实施、推广应用的重要手段。建立基本公共服务标准化信息平台，实时发布基本公共服务标准化最新动态信息，形成查询、交流、动态跟踪、申报、公示和宣传基本公共服务标准的信息综合平台，促进基本公共服务标准化成果的应用，增强基本公共服务标准信息传播的及时性、准确性和有效性。大力推动政府部门数据共享，推动中央部门与地方政府条块结合、联合试点，实现基本公共服务的多方数据共享、制度对接和协同配合。加快建立政府部门、事业单位等公共机构的信息标准、数据标准和统计标准体系，推进共性关键标准的制定和实施。

## 2. 做好宣传推广

建立有效的外部监督机制,加强社会公众参与监督。要依法接受同级人大及其常委会的监督,自觉接受人民政协的民主监督,接受社会和人民群众监督。建立相对独立的评价监督机构,加强政府对基本公共服务效率和质量的监管。建立健全评价结果信息公开制度,国务院各有关部门、地方各级人民政府要建立政府主导与社会参与的良性互动机制,推动政务公开和政府信息公开,拓展公众参与渠道,做好舆情监测预警和应对,定期开展基本公共服务需求分析和社会满意度调查,及时妥善回应社会关切。积极引入社会第三方开展公众满意度测评,对公众满意度较差的要进行通报批评,对好的做法和经验要及时总结、推广。定期向社会公布评价监督报告,让公众充分了解公共服务有关情况,并对基本公共服务机构以及评价监督机构进行评判,确保评价监督工作的公开透明。

## 三、建立动态调整机制

### 1. 完善动态监测机制

加强对基本公共服务标准化的事中监督,加强基本公共服务标准实施效果的评估跟踪分析。国家发展改革委要会同国家统计局等有关部门,建立对标准实施情况的动态监测机制,定期发布基本公共服务统计数据,及时跟踪各地各行业领域标准水平和实施进展,加强督促检查。适时组织开展基本公共服务标准化实施情况评估,对各地区落实国家基本公共服务标准、结合实际细化地方具体实施标准情况进行检查指导,对未达到国家标准及脱离实际盲目攀高的地区进行监督提醒。

### 2. 完善绩效评价机制

地方各级人民政府要加强绩效评价和监督问责,强化过程监管,把标准化落实情况纳入绩效考核。根据基本公共服务标准化的任务和发展要求,结合整体考评和类别考评需要,建立健全科学合理的绩效评价指标体系,全面反映和考评基本公共服务标准化的水平以及体制机制、政策实施效果。将评估结果与干部选拔、任用和内部激励相联系,增加基本公共服务在干部政绩考核中的权重。建立健全对基本公共服务部门和机构的问责制度,制定具体实施办法,确定问责范围和责任追究方式。

### 3. 推动水平动态调整

考虑到经济社会发展情况不断变化,需要适时对基本公共服务标准水平作出调整。在保持国家标准水平基本稳定的前提下,结合需求调查分析与评价评估情况,由各行业主管部门会同发展改革、财政等部门,统筹考虑经济社会发展水平、城乡居民收入增长情况、行业发展实际需要、财政保障能力、重大技术创新应用等因素,对服务项目、服务对象及内容、质量标准、支付方式等适时提出调整方案,按规定履行报批程序后实施,并及时向社会发布。原则上每5年结合基本公共服务相关规划编制,在全面评价评估基础上对标准水平进行集中统一调整。同时可结合重大政策出台、规划中期评估等,适时就个别领域基本公共服务项目和标准进行动态有序调整。

# 第五章　公共服务的分类供给与生产

公共服务是政府及公共部门以提供各种物质形态或非物质形态的公共物品为载体,达成维护公共利益目标的公共行为的总称。公共服务供给是政府治理的一项核心内容,有效的公共服务供给是政府善治的重要表现,加强公共服务供给也是完善公共服务体系的重要内容。基于消费的不完全竞争性、非排他性和效用外部性等方面的考虑,公共服务供给通常被视为政府的天然职能,这方面基本能够达成共识。但在公共服务的具体实现机制上,即公共服务通过何种途径、采取何种方式来加以体现,争议比较大。对于从以高度集中为特征的计划经济体制向有中国特色的社会主义市场经济体制转型的我国来说,公共服务供给面临着各种新情况和新要求,目标方向是什么,改革路径在哪儿,都需要进一步探讨和思考。

## 第一节　公共服务分类供给的实现机理

### 一、分类供给与责任主体的确定

按照公共属性的强弱,公共服务通常可以区分为基本公共服务和非基本公共服务。基本公共服务是指与经济社会发展水平和阶段相适应、旨在保障全体公民生存和发展基本需求的公共服务,一般包括保障基本民生需求的教育、就业、社会保障、医疗卫生、住房保障、文化体育等领域的公共服务。除基本公共服务之外的公共服务,统称为非基本公共服务。二者的区分既有较强理论基础,又能被社会普遍认可,同时与一国的政治体制、经济社会发展阶段、文化习俗、社会观念等其他因素相联系。因此,二者的区分具有普遍性与差异性、相对稳定性与动态性、目标性和阶段性等复合特征。

按照"社会公众基本需求"和"政府供给服务最小范围"的标准,基本公共服务还可以进一步细分为保障型公共服务和发展型公共服务,前者限定于一定经济社会发展阶段社会公众应该享有公共服务的最小范围边界,这源于其公共性、普惠性和公平性;后者致力于满足社会公众多元化、高层次和高质量的需求。

无论公共服务按何种标准来分类,政府都应当承担相应的供给责任,即政府是公共服务供给的责任主体。同时,政府供给责任强制性的高低与公共服务外部性的强弱呈正比,公共服务的外部性越强,政府供给责任的强制性就越高。随着公共服务外部性的逐步减弱,政府供给责任的强制性也逐步降低。对于保障型公共服务,政府必须尽全力承担供给责任,发挥兜底作用。某种程度上说,保障型公共服务供给是否到位,是衡量一个政府是否尽职合格的基本标准。对于发展型公共服务,政府应该努力实现有效保障,在自身财力允许范围内提供与经济社会发展水平相对应的服务。进一步来说,发展型公共服务的范围大小和数量多寡是评判政府福利性高低的重要依据。对于非基本公共服务,政府应该根据自身财力水平来适度承担,同时以不影响市场秩序和社会秩序为前提(见表5-1)。

表 5-1　公共服务供给的政府责任确定

| 公共服务类别 | | 政府责任确定 |
|---|---|---|
| 基本公共服务 | 保障型公共服务 | 政府全力保障,兜底责任 |
| | 发展型公共服务 | 政府有效保障,尽力而为 |
| 非基本公共服务 | | 政府适度承担,量力而行 |

与政府相对应,市场和社会也是公共服务供给的主体,但非责任主体。因为基于角色定位的不同,市场和社会的主体确定机制与政府不一样。具体来说,市场可以是非基本公共服务的重要供给者,在发展型公共服务供给中发挥补充作用,基本不涉及保障型公共服务的供给。社会可以是非基本公共服务和发展型公共服务的供给者,小范围介入保障型公共服务的供给。因此,从根本上说,市场和社会是公共服务的实际供给者,但不具有强制性,这是他们作为供给主体与政府的最大不同之所在。

**二、分类供给与生产机制的实现**

供给责任主体确定后,如何将公共服务生产出来并组织为社会公众提供具体服务,这是公共服务供给面临的关键问题,因此,公共服务的生产机制同样至关重要。生产机制的核心是确定生产主体,即由谁来组织公共服务的生产过程。一般来说,公共服务的生产主体可以区分为三大类:政府及公共部门、社会组织和私人部门。三类主体在公共服务生产过程中的组织目标有所差距,政府及公共部门侧重于社会效益和部门利益,经济效益考虑得少一些;

社会组织侧重于社会效益和组织影响力,适当考虑经济效益;私人部门保证实现最基本的社会效益,经济效益色彩比较浓厚。理论上说,三类主体能够参与全部公共服务的生产,都能满足公共服务的公益性要求。但是,从增强三类主体内在特性和不同类公共服务基本属性的匹配度来说,三类主体在不同类公共服务的生产过程中应该各有侧重,并适当为其他主体的参与留出相应空间,以实现社会效益和经济效益的最佳均衡。值得注意的是,三类主体在公共服务生产中并非完全独立、非此即彼,相反可以相互合作、取长补短,实现融合式发展(见表5-2)。

表5-2　公共服务供给的生产机制实现

| 公共服务类别 | | 生产机制实现 |
| --- | --- | --- |
| 基本公共服务 | 保障型公共服务 | 政府及公共部门为主<br>社会组织为辅<br>私人部门为补充 |
| | 发展型公共服务 | 政府及公共部门引导示范<br>社会组织为主<br>私人部门为辅 |
| 非基本公共服务 | | 政府及公共部门基本不参与<br>社会组织适度参与<br>私人部门为主 |

### 三、责任主体确定和生产机制实现的关系

基于公共服务在使用上的非排他性、效用上的不可分割性和效应的正外部性等方面的特征,责任主体是政府,供给者在政府、市场和社会三者之间有所侧重。责任主体确定就是要合理厘定政府、市场和社会在公共服务供给中的责任边界,其中最为关键的是

界定政府的责任,明确哪些是政府必须供给的,哪些是政府可以供
给的,哪些是政府不能供给的。基于公平和效率的角度,公共服务
的生产主体必须在政府及公共部门、私人部门和社会组织之间进
行综合评判。由于组织目标的差异,三者在公共服务生产中定位
有所不同,在公平和效率的考量中也须综合平衡,并且充分考虑到
三者之间的竞合关系。公共服务供给的责任主体与生产主体既可
能一致,也可能不一致,二者之间存在很多种搭配模式。一致与不
一致的结构比例,主要取决于政府的角色定位(见表5-3)。

表5-3　公共服务供给的政府责任确定和生产机制实现

| 公共服务类别 | | 政府责任确定 | 生产机制实现 |
|---|---|---|---|
| 基本公共服务 | 保障型 | 政府全力保障,兜底责任 | 政府及公共部门为主<br>社会组织为辅<br>私人部门为补充 |
| | 发展型 | 政府有效保障,尽力而为 | 政府及公共部门引导示范<br>社会组织为主<br>私人部门为辅 |
| 非基本公共服务 | | 政府适度承担,量力而行 | 政府及公共部门基本不参与<br>社会组织适度参与<br>私人部门为主 |

## 第二节　当前公共服务分类供给的主要问题

当前,我国公共服务供给仍面临着资金投入不足、生产主体活
力不强和资源利用效率不高的问题,从根本上说,还是因为分类供

给的思想没有得到充分贯彻落实。

**一、基本公共服务和非基本公共服务缺乏有效分类,政府、市场和社会在公共服务供给上没有形成合理分工**

根据公共产品理论,政府、市场和社会在公共服务供给的主体方面存在明确界定,政府是公共服务的责任主体,并重点供给保障型公共服务,优先供给发展型公共服务,市场和社会是公共服务的供给主体,但非责任主体。目前,由于公共服务在基本和非基本之间没有明确边界,政府在进行公共服务供给时缺乏相应的选择依据,而与社会公众日益增长的公共服务需求相比,财政投入永远都是有限的,这样导致政府不可能同时满足基本公共服务和非基本公共服务的供给。如果政府将有限资源同时投入基本和非基本公共服务时,一方面导致基本公共服务难以保障到位,另一方面导致非基本公共服务为市场和社会留出的参与空间不够。最终的结果是,政府没干好应该干的,同时市场和社会在公共服务供给上也难以有所作为。

**二、保障型公共服务和发展型公共服务缺乏有效分类,政府越位、缺位和错位现象并存**

虽然同为基本公共服务,但保障型服务和发展型服务对政府供给责任的要求也不一样,主要体现在强制性程度的差异。相比较而言,保障型公共服务被视为政府不可推卸的责任,即使政府供给到位、充分,其社会影响力有时候也难以媲美发展型公共服务,因此政府有轻保障型服务、重发展型服务的内生动力。最直接的结果是,政府在保障型公共服务供给上有可能缺位,在发展型公共服务供给上有可能越位,在两类服务供给上有可能错位。

### 三、公共服务供给的层级责任缺乏有效分类,中央和地方各级政府存在责任推诿现象

根据新公共管理理论,公共服务供给有一个分权和授权的机制,这既包括政府、市场和社会之间的分权和授权,也包括中央和地方各级政府之间的分权和授权。通常来说,财权和事权相匹配是政策设计的指导思想,但如何根据财权来划分事权是一项比较复杂的工作,公共服务供给的层级责任划分尤为突出。由于公共服务供给体制改革滞后,虽然明确了公共服务供给是政府责任,但在中央政府和地方各级政府之间如何分担这一供给责任,目前理论层面缺乏有力论证,实践层面缺乏有效探索和有力支撑,从而导致中央和地方各级政府在具体责任分担上相互推诿。虽然国家基本公共服务体系规划中对中央和地方的保障责任进行了界定,但这种界定一方面缺乏强有力的理论支撑,地方政府认为中央事权太小,对这种责任划分不太满意;另一方面在具体责任分担上还是比较模糊,对新增责任也没有合理解释,从而在指导实践中缺乏信服力。

### 四、公共服务的生产主体缺乏有效分类,公办机构"一股独大"和社会力量参与不足并存

虽然同为公共服务的生产主体,但私人部门和社会组织与公办机构在参与地位上完全不平等,尽管近年来私人部门和社会组织的参与规模有所扩大,但总体上公办机构"一股独大"的格局并未改变。公办机构与主管行政部门有着千丝万缕的联系,同时享

受着历史形成的资源优势。资源优势有些是显性的,部分是隐性的,这就使得私人部门和社会组织在公共资源使用上处于不对等地位。公办机构能够得到大量财政补贴,而私人部门和社会组织得不到或仅得到较少补贴。在服务定价或收费方面,公办机构可以在财政投入的保障下进行低价竞争,从而将私人部门和社会组织排挤出公共服务生产市场。在公共服务生产领域,公办机构天然有市场垄断、将私人部门和社会组织排挤出去的动机,如果不对公共服务的生产主体进行有效分类,并对公办机构的"侵略性"行为予以部分遏制的话,私人部门和社会组织参与公共服务生产就不可能成为现实。

**五、公共服务分类标准及其动态调整机制欠缺,绩效评估考核机制无法科学制定并有效实施**

按照新公共管理理论的解释,公共服务供给必须实行绩效评估,以提高公共服务资源的使用效率和效益。公共服务供给既追求社会效益,也追求经济效益,而且社会效益优于经济效益。绩效评估体系的建立必须以明晰的组织目标为前提,同时要求合格的责任主体和规范的运行流程,以及独立的第三方评估机构。目前,我国公共服务供给没有建立明确的分类标准,更没有形成科学的动态调整机制,导致责任主体不分、流程不规范,加上第三方评估机构没有培育起来,从而使得绩效评估机制难以建立健全。从被评估对象来说,由于政府是公共服务供给的责任主体,政府及公共部门是公共服务生产的绝对主体,他们比较抵制绩效评估制度的建立和实施,因此需要外部给予强有力的制度约束。进一步来说,绩效评估机制不健全,将造成分类标准的制定和调整缺乏充足依据。因此,绩效评估机制不健全既是分类标准及其动态调整机制缺失的结果,也是导致后者缺失的主要原因之一。

## 第三节 公共服务分类供给的机制设计

无论是出于更好实现公共服务公平性、可及性和便捷性的考虑,还是基于提升公共服务资源利用效率的角度,分类供给均是公共服务发展的基本理念。良好的机制设计是分类供给的关键,机制设计得合理与否,直接关系到分类供给能否得到有效实现。从保障公共服务有效实现的角度来看,分类供给机制可以区分为核心机制和保障机制两个层面,以及机制良性运行的配套措施。

### 一、公共服务供给的分类标准

#### 1. 分类标准的确定

针对政府资源投入的有限性,公共服务的供给和生产必须进行分类,关键是制定科学合理的分类标准及其动态调整机制。该机制要明确的问题主要有四个:

第一,基本公共服务和非基本公共服务的边界在哪儿。教育、医疗卫生、就业、社会保障、文化体育、住房保障等领域中哪些服务是公共服务,其中哪些是基本公共服务,哪些是非基本公共服务。基本公共服务与非基本公共服务的区分主要有两个维度:正外部性和居民生活必需度。正外部性强、居民生活必需度高的服务是基本公共服务,正外部性弱、居民生活必需度低的服务是非基本公共服务。

第二,保障型公共服务和发展型公共服务的边界在哪儿。基本公共服务中哪些属于保障型,哪些属于发展型。保障型公共服务和发展型公共服务的区分标准主要看公共服务内容是否属于居民生活的最低需求,属于最低需求的为保障型公共服务,不属于最低需求的为发展型公共服务。

第三,公平与效率、社会效益与经济效益在分类标准中如何体现。如何通过衡量标准和评估指标的形式来融入分类标准,并充分体现分类的基本理念。通常来说,公共服务特别是基本公共服务必须以公平优先,在此基础上追求公共服务供给的效率,同时以社会效益为先,兼顾经济效益。

第四,分类标准动态调整的触发条件和实现形式是什么。当相关条件发生一些改变时就需要调整分类标准,分类标准的调整要采取哪些程序。一般来说,当经济社会发展水平出现较大幅度的提升后,可以对分类标准进行相应调整,调整频率不能过快。

### 2. 分类供给的实现

对于保障型公共服务,政府承担全面供给责任,政府及公共部门是主要生产主体,社会组织和私人部门可以适当方式来参与生产,但必须以保障公益性的实现为前提。保障型公共服务的生产,首要强调的是社会效益,即使是社会组织或私人部门参与生产,也必须以非营利性为主。在社会组织发展较为成熟或私人部门参与意愿较强的前提下,保障型公共服务可以考虑适当由政府购买服务的形式来实现。对于发展型公共服务,政府承担主要供给责任,政府及公共部门发挥引导示范作用,社会组织是主要生产主体,私人部门在实现社会效益的前提下适当参与生产。发展型公共服务的生产,强调社会效益与经济效益相结合,建议更多考虑采取政府购买服务的形式来实现,同时加强公共资源投入的绩效管理。对于非基本公共服务,政府承担一定供给责任,社会和市场是主要供给者,政府及公共部门基本上不参与生产行为,私人部门是主要生产主体,社会组织适度参与生产。非基本公共服务主要实行市场调节,既能满足社会成员的高层次服务需求,又能形成适度的社会服务市场,并推动社会领域产业发展。

## 二、公共服务分类供给的核心机制

### 1. 公共服务供给决策机制

公共服务供给决策要以公众需求为导向,政府要了解社会公众的需求和意愿,以公众诉求为公共服务供给的指向标。政府要强化责任意识,注重公众的决策参与,推动公共服务决策机制由"自上而下"向"自下而上"的转变,促进政府与公众之间的良性互动,不断完善公共服务决策中的参与渠道和利益表达机制,使公共服务的需求与供给能够合理匹配。同时,在公共服务供给决策前,要进行大量的调查研究和科学论证,使公众对公共服务的需求偏好能够真实地反映到政府的公共服务供给决策模型当中。同时,还要重视公众对公共服务供给决策的考核和评价。

政府应在划分好权责范围的基础上强化公共服务供给职能,增强对市场失灵的调控作用。同时要确立好各级政府公共服务职责的分工,根据外部性、公民权、流动性和区域平衡等角度的考虑,合理划分中央和地方政府在公共服务供给方面的事权。中央政府负责制定全国性公共服务供给的法律法规和方针政策,监督地方政府落实相关政策,协调跨区域的利益调整。地方政府负责制定符合本地区情的政策措施和实施细则,切实履行公共服务供给的责任,为公共服务生产提供实际支持。各级政府之间既要分工,又要加强合作,克服或防止模棱两可、上下错位、相互推诿以及权责不对等问题的产生。随着城镇化发展和人口流动性增强,周边城市之间要建立起公共服务协作机制,倡导公共服务互惠互助。

### 2. 公共服务政府购买机制

政府要鼓励和引导私人部门和社会组织以兼并、收购、参股、合作、租赁、承包等多种形式参与基本公共服务提供,积极探索基本公共服务政府购买、签约外包、公私合营、民间承包经营、补助或补贴、抵用券、志愿服务等方式,拓宽私人部门和社会组织的进入渠道。逐步实现公共服务由政府直接生产转变为通过购买服务来间接提供,探索将一部分建设资金转变为购买服务资金,并完善购买服务资金的使用管理。通过市场机制能够有效购买的公共服务,原则上政府不再安排对公办机构的新增建设投入。对于私人部门和社会组织参与提供的公共服务,政府优先购买。进一步完善政府购买私人部门和社会组织提供公共服务的定价机制、招投标机制、购买流程和购买服务评估机制。

### 3. 公共服务供给分类监管机制

公共服务生产方式的转变并不意味着政府公共服务生产责任的消失,只是政府承担责任方式的改变。在公共服务生产市场化和社会化的背景下,必须强化政府的监管职能,充分运用间接管理、动态管理和事后监管等手段,以及发展规划、行政指导等方式,逐步建立起统一、开放、公平的公共服务行政监管机制。根据公共服务生产主体的不同,加强分类监管。对于公办机构生产的公共服务,对服务生产的决策阶段、服务过程和服务结果要进行全方位监督,防止政府及公办机构在供给决策中的主观随意和不负责任,以及生产过程中的违法、失职和滥用权力。对于市场和社会供给的公共服务,政府相关部门要依法对具体组织服务生产的行业协会、社会组织、私人部门等加强监督。

**4. 公共服务绩效评估机制**

公共服务供给的绩效评估机制设计要充分考虑我国的具体国情。一是在设计公共服务绩效评价指标体系和测量方法时要充分考虑到实际情况,做到因时制宜,因地制宜。二是建立公共服务绩效评价的配套机制,特别是激励机制和惩罚机制,注重绩效,强化成本效益核算,使奖励报酬真正与政府、企业、社会组织提供公共服务的绩效挂钩。三是在公共服务供给的绩效评估机制中注重国家权力机关、政党、社会组织、企业和公众等多方的参与,借助政府的外部力量来推动政府的公共服务更加注重绩效。四是引入第三方评估机制,对公共服务供给的资金使用效率、生产绩效等进行系统评估。

## 第四节 公共服务分类供给的配套措施

### 一、完善公共服务供给的法律法规

完善公共服务分类供给机制必须赋予政府、私人部门、社会组织平等的法律地位,确立参与主体在法律上的平等关系。因此,应制定专门有关公共服务供给的法律法规,如《政府购买公共服务法》等,依法规范政府向社会组织购买公共服务。通过制定专门的法律法规,理顺与现有的《中华人民共和国政府采购法》《中华人民共和国政府采购法实施条例》等相关法律法规的关系,界定私人部门、社会组织参与公共服务供给和生产的范围、标准、方式和程序,确认相关税费待遇、资质认定和退出机制等,将市场和社会参与公共服务供给纳入法制化轨道。同时,完善市场和社会参与公共服务的法律体系,如修改完善《中华人民共和国预算法》《社会团体登记管理条例》等,为市场和社会参与公共服务供给提供系统性、整体性的方案设计,营造良好的政策环境与社会氛围。

### 二、积极引入适度市场竞争

公共服务生产领域要适度引入市场竞争,形成有限市场。通过适度市场竞争,一方面增加政府在公共服务生产主体上的选择面,减少对事业单位作为单一生产主体的依赖;另一方面通过私人部门和社会组织的专业性与灵活性来增强公共服务生产市场的竞争,以激发公办机构的活力,甚至可以通过私人部门和社会组织直接参与公办机构的运营管理来提升公办机构的运行效率。同时,适度市场竞争机制还有助于公共服务生产市场整合并优化资源配置,盘活存量,通过专业化合作、先进管理技术引进和灵活性制度安排来促进资源利用效率的整体提升。即使同时由社会组织来参与公共服务生产,也最好引入两家及以上的社会组织或私人部门来全程参与对公共服务生产的竞争。

### 三、健全完善公私合作模式

公共服务供给领域加强公私合作,鼓励私人部门和社会组织以多种模式参与其中。参与模式方面,公私合作以公建民营和民办公助两类为主。公建民营模式下,私人部门和社会组织通过部分购买、租赁、承包、受托运营等途径参与公办机构的运营管理,引入市场化机制和管理理念,提高资源利用效率,这也是促使公办机构改进公共产品提供质量、提高资源利用效率的重要途径。民办公助模式下,私人部门和社会组织全面或部分承担公共服务的生产责任,在开办建设、日常运行等环节接受政府以政府购买、补贴、补助、特许经营、税费优惠等形式给予的政策支持,这是私人部门和社会组织参与公共服务供给的主流方向。具体实现形式方面,PPP(Public Private Partnership)是主要实现形式,具体细分为设计—建设—运营(DBO)、建设—运营—移交(BOT)等,其中 BOT是最常用的 PPP 模式。PPP 模式刚刚引入公共服务供给领域,明确实施细则是当前最为迫切的问题。

### 四、大力培育和推动社会组织发展

私人部门和社会组织是参与公共服务生产的两大潜在主体,健全公共服务供给机制,关键是要推动社会组织的有序快速发展,形成有利于社会组织承担公共服务生产的政策氛围。具体包括深化社会组织登记管理体制改革,参照公司登记的方法,对非营利组织实行分类登记管理;尊重市场经济发展规律,加强对社会组织的业务指导,推广在政府购买公共服务中社会组织的成功经验和成功项目,发展面向社会组织的咨询、评估与监督机构;加大社会工作专业机构与专业人员培养,创造条件吸引优秀人才投身社会工

作与公共服务,提升社会组织提供公共服务的专业化程度与综合能力;在政府购买资金的基础上,设立项目实施的资助资金,专门支持社会组织公共服务的能力建设,推动社会组织提供公共服务的可持续发展。

# 第六章　社会力量参与公共服务体系建设

　　社会事业是经济社会发展的"短板"，民办社会事业则是"短板"中的"短板"。公共服务发展水平是衡量现代国家发达程度的重要标志，加快公共服务发展是满足人民群众日益多元化和多样化社会服务需求以及实现基本公共服务均等化的主要途径，社会力量是当前和今后一段时期内推进公共服务发展的重要推动力。促进社会力量参与公共服务体系建设，对于公共服务扩大总体规模、优化内容结构、提高发展质量、提升内涵品质意义重大，对于促进城乡居民消费、社会领域产业发展、经济发展方式转变等方面将发挥重要作用，而且有助于推动公共服务高质量发展。

　　改革开放以来特别是党的十八大以来，各级政府逐步清晰认识到公共服务发展的滞后以及加快公共服务发展的重要性和紧迫性，但解决这一问题并非仅仅通过加大公共财政投入、增加社会公共服务机构就能实现。更为关键的是，要转变发展理念，以及推动一系列体制机制的突破和创新，其中焦点在于如何更好地发挥社会力量对公共服务发展的推动作用。当前，我国公共服务各领域发展阶段有先有后，发展速度有快有慢，发展水平有高有低，社会力量参与各项公共服务的现状、问题和原因也不一样,相对应的体制机制突破和创新在具有共性特征的同时也会有所差别,而且要处理好实然和应然的关系,这是摆在各级政府面前亟待解决的突出问题。

## 第一节　构建公共服务供给的多元化格局

### 一、社会力量参与公共服务的时代要求

社会力量具有进入公共服务领域的意愿和动力,公共服务领域拥有引进社会力量的需求和空间,二者能够有机结合并相得益彰,将促进经济社会协调可持续发展。

**1. 对公共服务而言:实现高质量发展,解决社会发展"短腿"问题**

公共服务发展滞后是国民经济持续高速增长、经济实力不断增强背景下日益突出的不协调问题,资金投入不足、提供主体活力不强和资源利用效率不高是其主要原因。加快公共服务发展已成为全社会广泛共识,促进社会力量参与公共服务将有助于解决资金、活力和效率问题。

第一,弥补资金投入不足。近年来,虽然各级政府不断加大对公共服务尤其是民生领域的财政投入,但与社会公众日益增长的公共服务需求相比,财政投入仍明显不足,教育、医疗卫生、养老服务等领域的公共服务水平仍比较低,社会公众的上学难、医疗费用高、养老服务床位紧张等问题依然突出。社会力量参与公共服务,

特别是民间资本的进入,将较好地弥补财政资金的空缺,发挥对财政资金的补充作用。

第二,激发公办机构活力。当前,公共服务领域中担当公共服务提供主体的主要是公办学校、公立医院、公办养老机构、公共就业服务机构等公办机构,大多数以事业单位的面貌存在,虽然在形式上实现了供给主体和提供主体的分开,但是,事业单位仍基本上直接隶属于政府各行业主管部门,供给主体和提供主体实质上并没有分开,而且事业单位的高成本、低效率广为诟病。社会力量参与公共服务发展,一方面增加了政府在公共服务提供主体上的选择面,减少了对事业单位作为单一提供主体的依赖;另一方面通过社会力量的专业性和灵活性来增强社会服务提供市场的竞争,以激发公办机构的活力,甚至可以通过社会力量直接参与公办机构的运营管理来提升公办机构的运行效率。

第三,提升资源利用效率。公共服务发展水平的提高很大程度上有赖于资源利用效率的提升,当前我国公共服务领域已经汇聚了大量资源,但资源浪费与资源紧缺现象并存,资源利用效率明显偏低。社会力量参与公共服务发展,将有助于在各个领域、各个环节整合并优化资源配置,盘活存量,通过专业化合作、先进管理技术引进和灵活性制度安排来促进资源利用效率的整体提升。

**2. 对社会力量而言:实现健康持续成长,拓展成长提升空间**

民间资本和社会组织是社会力量的主体,二者在参与公共服务方面,既有共性需求也有个性化需求。对民间资本而言,其参与公共服务存在多重目标诉求:一是为公共服务发展做贡献,不求回报,将参与公共服务当作纯粹的公益性事业来做,这也是希冀看到的主流方向;二是对公共服务发展充满信心,进行长远的战略性投资,在公共服务领域占领一席之地;三是通过参与公共服务树立起良好的企业社会形象,通过其他途径来获取投资收益。对社会组织而言,其参与公共服务将有助于促进社会公平正义等组织目标的实现。

第一,拓展民间资本投资空间。我国民间资本规模庞大,具有较强的投资需求。长期以来,由于行政垄断和行业限制,公共服务领域是民间资本的进入禁区,只有少量的民间资本能够进入公共服务领域。与金融投资和其他领域的实业投资相比,公共服务领域投资具有资金规模大、回报周期长、收益率低等特点,但投资回报稳定、社会效益好等特点也使其赢得大量民间资本的青睐,只是苦于难以平等进入。进一步来说,公共服务领域拥有巨大的投资空间,这些投资空间将为民间资本提供新的流向。

第二,推动社会组织规范有序发展。我国社会组织呈现出显著的官办、民办二元结构,大量行业协会、基金会和社会团体带有强烈的行政色彩,与真正意义上的社会组织相差甚远,缺乏应有的民间性、自治性、自愿性和自主性,而大量源于民间、体现自治理念的民办社会组织却因注册登记、资源短缺、管理不规范等问题而陷入发展困境。社会组织进入公共服务领域,尤其是通过购买服务、伙伴合作等形式,将一方面推动官办社会组织的民办化,逐步向真正意义上的社会组织转变;另一方面促进民办社会组织的有序发展,成为连接政府与社会公众之间的桥梁与纽带。

**3. 经济层面上看：扩大消费与促进就业双轮驱动，推动经济发展方式转变**

当前我国正在着力推进经济发展方式转变，其内涵包括扩大消费、促进就业、发展现代服务业等方面，社会力量参与公共服务发展，将在扩大消费和促进就业等方面发挥积极作用。

第一，扩大城乡居民消费。我国已经进入中等偏高收入国家行列，居民生活消费结构加快变化，实物消费比重持续减少，而教育、医疗保健、文化娱乐等服务消费显著增加，居民最终消费对经济的贡献不断提高。消费结构升级，拉动社会服务需求持续增长，而需求得以实现并转化为消费后，又将带动产品和产业结构的升级调整。这些正在转型的城乡居民消费，单靠政府和公共部门提供的公共服务已经无法满足，而社会力量参与公共服务发展，将能有效填补政府和公共部门提供的不足，将城乡居民不断增长的消费需求激发并释放出来，形成促进经济发展方式转变的推动力。

第二，促进城乡居民就业。社会服务是向人提供的服务，大多数属于劳动密集型。社会力量参与公共服务发展，通过灵活性、人性化的制度设计和服务安排，让更多的潜在社会服务需求转化为现实需求，能够为社会提供大量工作岗位，这也是社会领域服务业的一大特色。目前，养老、家政、健康等领域提供了大量的就业岗位。

**4. 社会层面上看：满足社会公众多样化服务需求，增进社会和谐稳定**

社会发展最终是人的发展，只有满足了社会公众的物质需求和精神需求,社会发展和进步的目标才能得以实现。在基本的物质消费需求满足后,人们对精神文化、健康安全、生活质量的认识和标准普遍提高,相关需求日益增长,并逐步从外部驱动为主转化为以个体发展的内在需求为动力。随着更多的城乡居民进入中等收入群体,新兴社会阶层分化涌现,按照高、中、低不同档次确定的有效购买力,不仅对基本公共服务保持旺盛需求,对个性化、专业化、潮流化的非基本公共服务也提出更高要求,从而形成多层次、多样化的社会需求基本形态。社会力量参与公共服务,则是满足社会公众各类需求所必不可少的,从而切实增进社会和谐稳定。

**5. 文化层面上看:倡导公正平等价值理念,形成和谐社会文化氛围**

文化是指生物在其发展过程中逐步积累起来的跟自身生活相关的知识或经验,是其适应自然或周围环境的体现。社会力量参与公共服务发展,将有助于形成普遍、公平、公正参与的价值取向和社会观念,从而在全社会营造和谐平等的文化氛围。

**二、参与规模在不断扩大且以较快速度增长**

随着相关法律法规和政策措施的陆续出台,与社会公众日益增长的公共服务需求相适应,社会力量参与公共服务的领域在逐步拓宽,程度在逐步加深,规模也在不断扩大,具体表现在两个方面。

第一,社会力量举办的机构数量在不断增加。2012—2019年,各级各类民办学校和教育机构的数量由 13.99 万所增至 19.15 万所,其中民办幼儿园增长尤其迅速,所占比重由 89.1% 提高到

90.4%,民办普通小学、民办普通初中、民办普通高中的数量均缓慢增长,民办中等职业学校的数量在逐步下降(见表6-1)。2012—2020年,民营医院数从9786个增加到23524个,增长1.40倍;民营医院数占全部医院数的比重从42.2%提高到66.5%;民营医院床位数从582177张增加到2040628张,增长2.51倍;民营医院床位数占比从14.0%提高到28.6%(见表6-2)。

表6-1 2012—2019年各类民办教育和培训机构数量 (单位:所)

| 年份 | 2012 | 2013 | 2014 | 2015 | 2016 | 2017 | 2018 | 2019 |
|---|---|---|---|---|---|---|---|---|
| 民办幼儿园(万所) | 12.46 | 13.35 | 13.93 | 14.64 | 15.42 | 16.04 | 16.58 | 17.32 |
| 民办普通小学 | 5213 | 5407 | 5681 | 5859 | 5975 | 6107 | 6179 | 6228 |
| 民办普通初中 | 4333 | 4535 | 4743 | 4876 | 5085 | 5277 | 5462 | 5793 |
| 民办普通高中 | 2371 | 2375 | 2442 | 2585 | 2787 | 3002 | 3216 | 3427 |
| 民办中等职业学校 | 2649 | 2482 | 2343 | 2225 | 2115 | 2069 | 1993 | 1985 |
| 民办高校 | 707 | 718 | 728 | 734 | 742 | 747 | 750 | 757 |
| 民办非学历高等教育机构 | 823 | 802 | 799 | 813 | 813 | 800 | — | — |
| 民办培训机构(万所) | 2.02 | 2.01 | 2.00 | 2.01 | 1.95 | — | — | — |
| 民办学校和教育机构(万所) | 13.99 | 14.90 | 15.52 | 16.27 | 17.10 | 17.76 | 18.35 | 19.15 |

资料来源:2012—2019年全国教育事业发展统计公报。

表6-2 2012—2020年民营医院发展情况 (单位:个、张、%)

| 年份 | 2012 | 2013 | 2014 | 2015 | 2016 | 2017 | 2018 | 2019 | 2020 |
|---|---|---|---|---|---|---|---|---|---|
| 民营医院数 | 9786 | 11313 | 12546 | 14518 | 16432 | 18759 | 20977 | 22424 | 23524 |
| 民营医院数占比 | 42.2 | 45.8 | 48.5 | 52.6 | 56.4 | 60.4 | 63.5 | 65.3 | 66.5 |
| 民营医院床位数 | 582177 | 713216 | 835446 | 1034179 | 1233637 | 1489338 | 1717578 | 1890913 | 2040628 |
| 民营医院床位数占比 | 14.0 | 15.6 | 16.8 | 19.4 | 21.7 | 24.3 | 26.3 | 27.5 | 28.6 |

资料来源:2012—2016年我国卫生和计划生育事业发展统计公报,2017—2020年我国卫生健康事业发展统计公报。

第二,社会力量举办机构提供的服务数量也在迅速增长。2012—2019 年,各级各类民办学校和教育机构的在校生数量由 3911.02 万人增至 5616.61 万人,其中民办幼儿园在园儿童数量增长最为明显(见表 6-3)。2012—2020 年,民营医院诊疗人次从 2.5 亿人次增加到 5.3 亿人次,增长 1.12 倍;诊疗人次占比从 9.8% 提高到 16.0%;民营医院入院人数从 1396 万人增加到 3517 万人,增长 1.52 倍;入院人数占比从 11.0% 提高到 19.2%(见表 6-4)。

表 6-3　2012—2019 年各类民办教育和培训机构在校生数量

(单位:万人;万)

| 年份 | 2012 | 2013 | 2014 | 2015 | 2016 | 2017 | 2018 | 2019 |
|---|---|---|---|---|---|---|---|---|
| 民办幼儿园 | 1852.74 | 1990.25 | 2125.38 | 2302.44 | 2437.66 | 2572.34 | 2639.78 | 2649.44 |
| 民办普通小学 | 597.85 | 628.60 | 674.14 | 713.82 | 756.33 | 814.17 | 884.57 | 944.91 |
| 民办普通初中 | 451.41 | 462.35 | 487.00 | 502.93 | 532.82 | 577.68 | 636.30 | 687.40 |
| 民办普通高中 | 234.96 | 231.64 | 238.65 | 256.96 | 279.08 | 306.26 | 328.27 | 359.68 |
| 民办中等职业学校 | 240.88 | 207.94 | 189.57 | 183.37 | 184.14 | 197.33 | 209.70 | 224.37 |
| 民办高校 | 533.18 | 557.52 | 587.15 | 610.90 | 634.06 | 628.46 | 649.60 | 708.83 |
| 民办非学历高等教育机构 | 82.82 | 87.99 | 88.30 | 77.74 | 75.56 | 74.47 | — | — |
| 民办培训机构培训人次 | 860.64 | 943.56 | 867.94 | 898.66 | 846.80 | — | — | — |
| 民办学校和教育机构 | 3911.02 | 4078.31 | 4301.91 | 4570.42 | 4825.47 | 5120.47 | 5378.21 | 5616.61 |

资料来源:2012—2019 年全国教育事业发展统计公报。

表 6-4　2012—2020 年民营医院服务情况

(单位:亿人次;万人;%)

| 年份 | 2012 | 2013 | 2014 | 2015 | 2016 | 2017 | 2018 | 2019 | 2020 |
|---|---|---|---|---|---|---|---|---|---|
| 民营医院诊疗人次 | 2.5 | 2.9 | 3.3 | 3.7 | 4.2 | 4.9 | 5.3 | 5.7 | 5.3 |

| 年份 | 2012 | 2013 | 2014 | 2015 | 2016 | 2017 | 2018 | 2019 | 2020 |
|---|---|---|---|---|---|---|---|---|---|
| 民营医院诊疗人次占比 | 9.8 | 10.6 | 10.9 | 12.0 | 12.8 | 14.2 | 14.8 | 14.8 | 16.0 |
| 民营医院入院人数 | 1396 | 1692 | 1960 | 2365 | 2777 | 3321 | 3666 | 3696 | 3517 |
| 民营医院入院人数占比 | 11.0 | 12.1 | 12.7 | 14.7 | 15.8 | 17.6 | 18.3 | 17.4 | 19.2 |

资料来源:2012—2016年我国卫生和计划生育事业发展统计公报,2017—2020年我国卫生健康事业发展统计公报。

### 三、民办社会事业的结构性特征突出且正在优化

一是行业之间结构,教育、医疗卫生、养老服务、公共文化体育、人力资源服务等领域,社会力量的参与程度不一样,体现在参与幅度和参与深度上。总体而言,养老服务、文化产业、人力资源服务等领域社会力量的参与比例高一些,而教育、医疗卫生等领域的参与比例低一些。从趋势上看,随着相关政策的出台和贯彻落实,公共服务各领域社会力量的参与程度和深度都将有大幅度的提高。

二是行业内部结构,教育领域的社会力量参与,早期以高校和职业教育为主,民办高校和独立学院是社会办学的主要载体;近年来学前教育发展迅速,义务教育也开始逐步涉入,幼儿园基本上以民办为主。医疗卫生领域的社会力量参与,以综合性医院、特色专科医院和个体诊所为主,中医医院和护理院等较少。养老服务领域的社会力量参与,提供一般性生活照料的养老服务机构较多,社区养老服务发展比较滞后。公共文化体育领域,社会力量主要集中在文化产业和体育产业,群众性文化和体育活动的参与度较低。

三是区域结构,大多数经济发达地区都出台了相对完善的实施政策,尤其是东部经济发达地区,甚至部分县级市也出台了相应

文件,而广大中西部地区大多停留在省级层面和中心城市。在文件内容上,经济发达地区的规定更为详细、更为具体、更具可操作性,而经济欠发达地区则相对原则、相对笼统、相对空洞一些。需要特别指出的是,民办高校和职业教育机构在地域上比较集中,主要分布在北京市、上海市等大中型城市或省会城市,公办高校越多的城市,民办高校也相对较多。医疗服务机构布局上,综合水平较高的医院集中在大中型城市,小城市则以专科医院和个人诊所为主。东部地区的民营医院不仅在总量上超过中西部地区,而且在三级、二级、一级的数量上均超过后者。西部地区的民营医院虽然在总量上超过中部地区,但三级医院的数量却远远落后于中部地区。2018 年,东部地区民营医院共有三级医院 131 家,占民营医院中三级医院总数的 46.0%,中部地区民营医院共有三级医院 93 家,超过西部地区民营医院中三级医院总数的 1.5 倍(见表 6-5)。

表 6-5　2018 年东部、中部、西部地区民营医院分布　　(单位:家)

| 地区 | 医院总数 | 三级医院 | 二级医院 | 一级医院 | 未定级 |
|------|---------|---------|---------|---------|--------|
| 总计 | 20977 | 285 | 3059 | 8371 | 9262 |
| 东部 | 8466 | 131 | 1218 | 3723 | 3394 |
| 中部 | 5870 | 93 | 909 | 2317 | 2551 |
| 西部 | 6641 | 61 | 932 | 2331 | 3317 |

资料来源:2019 年中国卫生健康统计年鉴。

四是城乡结构,由于发展基础的差距,社会力量参与公共服务主要集中在城市,无论是参与规模,还是参与程度和参与深度,城市都远远超过农村,这种格局短期内将不会有大范围的改变。根据全国老龄办课题组的调查,我国 74% 的民办养老服务机构位于城市,26% 位于农村,城市中的民办养老服务机构,位于城区的占比为 81%,位于城乡接合部的占比为 19%。

### 四、社会办机构的服务范围不断拓展

社会力量进入公共服务领域初期,基本上处于弥补公办公共服务发展不足的尴尬地位,在公办公共服务的夹缝中寻求发展机遇,与公办机构形成错位发展格局。近年来,综合经济实力上升和城乡居民收入增长刺激了社会公众对公共服务需求的急速增长,公办机构在满足这些需求上越发显得力不从心,客观上为社会力量参与公共服务提供了发展空间和平台。综合来看,民办社会事业的服务范围呈拓展趋势,具体体现在以下三个方面:一是民办社会事业的服务对象群体范围在逐步拓展,由公办社会事业覆盖范围之外的群体向覆盖范围之内的群体延伸,越来越多地提供之前由公办机构提供的公共服务,如在教育领域由高等教育和职业教育向义务教育延伸,在养老领域由高端、健康老人向失能半失能老人延伸,在医疗服务领域由特色专科服务向综合诊治服务延伸。二是民办社会事业的服务内容范围在逐步拓展,由非基本公共服务向基本公共服务延伸。三是民办社会事业的产业化道路在逐步拓展,部分民办社会事业在尝试集团化运作,形成品牌效应,在全国各地进行布点规划,向产业化方向发展。

### 五、社会力量的参与模式和实现形式日益丰富多样

随着公共服务领域对社会力量的逐步放开,社会力量的参与形式也日益丰富。社会力量参与公共服务,首先离不开政府和社会力量的关系模式,在公权力层面体现为规范与被规范、监管与被监管的关系,在业务层面则体现为产权主体与运营主体、协助合作

的关系。根据产权主体和运营主体的不同,目前社会力量参与公共服务主要有三种模式:一是公建民营,政府作为公共服务机构的出资主体,拥有相关财产和资源的所有权,社会力量通过承包、租赁、受托管理、购买服务等形式来负责具体运营管理,约定提供相应的公共服务,实行非营利运营。二是民办公助,社会力量投资建设公共服务场所和设施,拥有相关财产和资源的所有权,政府部门以补助、补贴、税费优惠、购买服务等形式予以支持,约定提供相应的公共服务或一定的服务规则,实行非营利或微利运营。三是民建民营,社会力量投资并拥有财产和资源的所有权,政府根据条件和需要可以提供一定的资金或政策支持,既可以实行非营利或微利运营,也允许实行市场化运营。

社会力量参与公共服务的三种模式各有优劣。公建民营的优势在于,由于资金需求量相对较小,同时能够借助公共平台和公信力,因此对社会力量的吸引力较大,政府能够广泛动员社会力量参与到公共服务中来,现实中很多社会力量如中小型民间资本和社会组织都希望进入公共服务领域;劣势在于,由于硬件设施和其他服务资源为政府或公共部门所有,存在社会力量过度使用的道德风险,同时也因产权归属难以合理划分导致社会力量追加投资的动力不强。民办公助的优势在于,政府支持比较灵活,财政投入容易发挥"四两拨千斤"的功效,激发社会力量参与和竞争的积极性;劣势在于,社会力量为了获取政府支持有可能发生动机偏离,同时也有可能违背社会组织自愿、自主、自治的组织目标,而且政府监管的难度也比较大。民建民营的优势在于,社会力量的市场竞争意识较强,创新动力较足,资源利用效率较高,能够满足社会公众的多元化服务需求;劣势在于,有可能导致市场化竞争过度,公益性体现不足,影响社会事业健康发展。

## 第二节　社会力量参与公共服务供给的主要障碍

与传统公共服务发展格局相比,当前社会力量参与公共服务已经取得初步成效,也呈现出较好的发展势头。但总体而言,社会力量参与公共服务的总体规模仍然偏小、结构比例不太合理、质量水平相对偏低,社会力量的功能作用没有得到充分发挥。

### 一、门槛进入"陷阱":"铁门""玻璃门"和"弹簧门"同在

行业准入曾经是社会力量进入公共服务领域的主要制约,行业主管部门禁止民间资本和社会组织进入分管领域,令公办机构全面承担提供社会公共服务的职责,这种情况下,公办机构的服务能力和水平就代表着公共服务的发展水平。改革开放背景下,部分公共服务领域尝试着向外资、民间资本以及其他社会力量有选择性地开放部分服务内容。近年来,各级政府、各部门陆续制定并出台一些向社会力量开放领域的政策文件,但与社会力量的期许仍有很大差距,社会力量在前置审批、行业准入等方面仍遭遇种种歧视性、不公正待遇。无政策、难实施,有政策、不实施,这使社会力量在进入公共服务领域时面临很多不确定性因素。

### 1. "铁门"

政策文件通常将行业准入表述为,鼓励和引导社会力量"进

入法律法规未明确禁止准入的行业和领域",这个看似开放度很高的文件表述在政策实践中却难以有效落实。行业主管部门基本上仍按照自身工作逻辑来对行业准入进行设限,不希望社会力量进入的领域就自行规定禁止准入,至于为何禁止准入,则多以开放风险大且影响社会稳定、行政监管机制不完善等为理由。禁止准入的设定主要取决于部门利益和意见。

### 2. "玻璃门"

面对社会力量强烈的进入愿望,大多数公共服务领域在行业主管部门不太情愿的背景下予以开放。因此,即使是领域得以开放,社会力量可以进入,但仍须面对各种严苛的审核和行政监管,这将大大增加社会力量的进入成本和运营成本,从而令社会力量知难而退。如民办医疗卫生领域,法律规定民办医疗机构只要符合条件,即可申报医疗保险定点单位,但实际能够申办下来的民办医疗机构并不多,而且申办成功的民办医疗机构通常要接受比公办机构严格得多的年度审核。

### 3. "弹簧门"

部分公共服务领域的行业准入和行政监管存在较大弹性空间,其中原因是多方面的,如行业主管部门为推动公共服务资源发展而有意降低准入标准,或对部分尚未规范的潜藏不达标行为给予宽容,以此鼓励和引导大量社会力量的进入,但是一旦出现风险因素,便立即加以严格审核并采取治理整顿措施,这使社会力量面临前后不一致的准入标准和监管规则,发展处境比较尴尬。

## 二、体制机制障碍：社会力量面临各种制约

进入公共服务领域的社会力量，即使各方面资格条件都达标，其日常运营和发展壮大也并非一帆风顺。出于维护公益性和控制负外部性的考虑，对进入公共服务领域的社会力量给予严格规范和制度约束，这本身是无可厚非的。但是，规范和约束一旦过度，就构成对社会力量的障碍，成为民办社会事业发展的羁绊。

### 1. 发展融资的现实困难

公共服务存在前期投入大、平均利润率低、回报周期长的特点，融资对大多数中小规模的民办社会事业来说至关重要。虽然政策规定金融机构要为民办社会事业在融资、担保等方面提供更多支持，但在实践中，由于民办社会事业资产在抵押、质押、担保上存在制度性障碍，金融机构对民办社会事业惜贷现象比较普遍。

### 2. 人力资源建设的脆弱

民办社会事业不属于事业单位，在人员编制、职称评聘、社会保障等方面无法实行事业单位管理办法，虽然政策规定民办学校的教师、非公立医疗机构的医护人员享受与公办机构同类人员的同等待遇，但在实践中难以有效落实，公办机构仍吸引并聚集着大量优秀人才，民办机构甚至成为公办机构的"培训基地"。

## 三、政策落实不畅：与公办机构处于不对等地位

科学有效的扶持政策是促进社会力量参与公共服务的基础，其贯彻落实是民办社会事业发展的关键。当前，一部分针对社会力量的鼓励和扶持政策在实践中难以落实，或者执行有偏差，这大

大挫伤了社会力量的参与积极性,削弱了社会力量长期致力于公共服务发展的信心。

### 1. 场所用地优惠政策不落实

公共服务用地具有一定的公益属性,按照相关文件精神,可以无偿或低偿形式提供。但在建设用地资源日益紧张的背景下,社会力量参与公共服务的用地难问题越发突出。虽然政策规定民办非营利机构可以通过划拨、协议出让、租赁的形式获取土地使用权,但真正通过这些途径获取土地使用权的社会力量相当少,其所获取使用权的土地面积占民办社会事业使用土地总面积的比例也很小。近年来,通过招拍挂形式获取土地使用权的成本越来越高,这大大增加了社会力量进入公共服务领域的经济成本。

### 2. 税费优惠政策落实不到位

社会力量以非营利性质进入公共服务领域,按照相关规定可以享受税费减免等优惠,如免征土地使用税、营业税等,水、电、气、电视电话等实行民用价格,以减少民办社会事业的运营成本。但在客观实践中,税费优惠政策难以普遍落实到位。

### 3. 与公办机构竞争不对等

目前,社会事业各领域仍以公办、国有为主体,公办主体、国有主体与行政部门有着千丝万缕的联系,同时也享受着历史形成的资源优势。资源优势部分是显性的,部分是隐性的,这使得社会力量在公共资源使用上处于不对等地位。公办机构得到大部分财政补贴,而民间资本得不到或得到较少补贴。在服务定价方面,公办机构可以在财政投入的保障下进行低价竞争,这将大量社会力量排挤出公共服务领域。

### 四、内在原因

所有问题都只是现象,要透过现象看本质。社会力量参与公共服务规模不够、结构不合理、质量水平不高等属于表面现象,其背后深层次原因是多方面的,既有政府作为供给主体和监管主体的不到位,也有社会力量作为提供主体的不合格,还有社会氛围的不配套。

#### 1. 政府:理念认识有偏差,政策执行不到位

第一,发展公共服务重要性和紧迫性的受重视程度不够。近年来虽然发展公共服务的重要性得到增强,紧迫性得到提高,但与保障和改善民生、实现基本公共服务均等化的要求相比仍有很大差距。公共服务发展还没有提到国民收入第三次分配的高度,没有提到人民共享改革发展成果的高度,没有提到促进人的全面发展的高度。发展公共服务重要性和紧迫性的受重视程度不够,不仅影响到公共财政对公共服务的投入,也影响到促进社会力量参与公共服务发展的政策完善与环境培育。

第二,社会领域公共服务的部分产业属性被忽视。发展公共服务的重要性和紧迫性受重视程度不够,促进社会力量参与公共服务的重要性受重视程度也不够。当前我国公共服务发展相对滞后,仅靠财政投入难以满足资金需求,迫切需要社会力量来填补,同时公办机构的运行效率相对低下,这也需要社会力量来加以激活。事实上,公共服务领域既有公益性事业,也有营利性产业,社

会力量既可以通过受托经营、购买服务等形式进入公益性事业,也可以通过产业投资等形式直接进入营利性产业,这与公共服务高质量发展并不矛盾。

第三,各部门之间对社会力量参与公共服务缺乏政策协调与配合。各级政府在公共服务发展上主要倚重于公办机构,给社会力量留出的发展空间很小。各行业部门主管公共服务的某一个领域,行业主管和业务经办职能没有合理分开,出于部门利益考虑,往往会限制或约束社会力量的进入。同时,公共服务涵盖教育、医疗卫生、公共文化体育、养老服务等领域,涉及多个行政部门,这不仅包括行业主管部门,还包括综合业务部门,公共服务发展离不开各部门之间的政策协调与配合。政策实践中,各部门对社会力量参与公共服务的政策理解不一致,在部分领域、部分环节缺乏有效衔接与沟通,从而使社会力量进入公共服务领域的信心不足。

第四,社会力量进入公共服务缺乏有效的法治保障。公共服务的法律框架体系初具雏形,各领域均有鼓励和引导社会力量参与的相关表述,但无法可依、有法难依等现象依然存在,使社会力量无所适从。教育领域的法律体系最为完备,针对社会力量进入,专门出台了《中华人民共和国民办教育促进法》及其实施条例,即便如此,民办教育仍面临法律保障不足的问题。

### 2. 社会力量:参与动机不纯,参与能力不足

第一,社会力量的参与动机可能与公共服务的基本属性相矛盾。社会力量参与公共服务的动机多种多样,其中不乏有真正希望致力于公共服务发展的,但也有一些不太适合的。部分民间资本逐利色彩过浓,参与公共服务纯粹以营利为目的,忽视或无视公

共服务的公益性和外部性,甚至引发一些社会冲突和矛盾,使政府对进一步开放公共服务领域形成担忧。例如,近年来借着积极应对人口老龄化的机遇,一些房地产开发商打着建设老年公寓之名,行房地产开发之实,通过低价套取建设用地来牟取暴利,严重扰乱了养老服务机构建设的社会秩序。再如,部分民营医院靠虚假广告骗取患者钱财,给合法行医的其他民营医院造成恶劣影响,也不利于医疗服务市场的培育和发展。

第二,社会力量自身的综合素质不适应公共服务的发展需要。虽然公共服务领域对社会力量的进入需求很迫切,但对社会力量的综合素质要求也很高,如对行业发展趋势的判断和把握,以及专业化管理能力等,单凭参与热情无法支撑起民办社会事业的健康可持续发展。处于民办社会事业发展初期的民间资本和社会组织对公共服务的参与经验不足,参与能力不够,难以完全承接政府转移的社会公共服务,这也是行业部门对社会力量参与缺乏足够信心的主要原因之一。例如,少数民办高校内部管理不规范,法人治理结构不健全,教师和学生的权益缺乏应有的保障,造成了不良的社会影响。

### 3. 社会氛围:支持环境欠缺,监督机制薄弱

社会力量能够合理有序参与公共服务,既离不开政府或公共部门与社会力量之间的协作配合,也与宽容支持的社会氛围密切相关。首先,传统社会观念对公共服务的期望值很高,不管社会公共服务是由政府或公共部门提供,还是由社会力量提供,社会公众都难以容忍有任何失误或瑕疵的出现。当出现失误和瑕疵时,政府或公共部门有强大的公信力做支撑,社会力量则有可能遭到误

解乃至发生冲突。以民营医院为例,即使医疗事故属于正常的小概率事件,患者家属也有可能产生对医院和医生的强烈不满,造成医患关系紧张,极端情况下,一件医患纠纷有可能导致民营医院的关闭。其次,全社会存在一定的诚信危机,社会群体之间、社会成员之间缺乏应有的互信,这给恰恰需要诚信环境塑造的民办社会事业增添不少麻烦。如果得不到社会公众的普遍信任,民办学校就招不到学生,民办医疗机构就收不到病人,民办人力资源服务机构就得不到劳动力市场供求双方的支持,民办养老服务机构就住不进老人,一些小问题就无法取得谅解,这将会给民办社会事业带来毁灭性破坏。最后,对社会力量的第三方监管比较薄弱,既难以及时发现社会力量的违法违规行为并予以合法制止,也难以为合法合规参与的社会力量提供有效的信誉保证。出现这些情况的主要原因是,第三方力量缺乏保障有力的法律支持,以及与之相对应的监督机制和监督方法,同时第三方的独立性也通常遭受质疑。对民办社会事业发展来说,社会力量、政府部门、服务对象和公办机构是其中最为直接的利益相关者,他们对民办社会事业发展的态度和意见不尽相同(见表6-6)。

表6-6　四个主体对民办社会事业发展的态度和意见比较

| 主体 | 必要性 | 前景 | 主要问题 |
|---|---|---|---|
| 社会力量 | 很有必要 | 实现多层次发展<br>满足多层次需求 | 法律法规存在矛盾冲突<br>行业进入面临门槛"陷阱"<br>政策执行有选择性落实倾向<br>与公办机构难以平等对待 |
| 政府部门 | 有必要 | 公办机构为主<br>社会办机构为补充<br>公办社会办并举 | 对社会力量既"爱"又"疏"<br>政府部门之间存在分歧 |
| 服务对象 | 必要 | 无明显倾向性意见 | 对社会办机构充满期望<br>对社会办机构有点失望 |

续表

| 主体 | 必要性 | 前景 | 主要问题 |
|------|--------|------|----------|
| 公办机构 | 适度发展 | 公办机构为主<br>社会办机构为补充 | 对社会办机构有较强抵触情绪<br>基本持消极配合态度 |

## 第三节　社会力量参与公共服务
## 体系建设的总体思路

### 一、社会力量参与公共服务体系建设的基本取向

**1. 推进政社分开，加强政社合作，政府将社会事务的微观管理切实移交给社会力量**

与经济领域中政府和市场的关系相类似，社会领域中政府与社会的关系既对立又统一。政府在制定社会政策和处理社会事务时，同样存在"越位""缺位"和"错位"的现象，需要通过社会机制来调节，反过来社会机制也有失灵的时候，需要政府干预来纠正。长期以来，公共服务由政府直接举办，相关机构实行事业单位管理体制，社会力量基本上无法介入。随着市场经济体制改革和事业单位管理体制改革的推进，公共服务开始向社会力量进行有限度开放，广度和深度有所增强。

社会力量参与公共服务的发展方向是，凡社会能办好的尽可能交给社会力量来承担。这一战略方向符合发展趋势，但如何转化为具体实施方案仍需慎重斟酌和思考。首先是对"社会能办好的"的界定，严格来说，除极其少数公共服务外，绝大

多数公共服务社会都能办好。其次是对"尽可能"的理解,也就是说能移交就移交,虽然不是"必须"但也具有一定的强制性。

推进政社分开,加强政社合作,根本上是要政府找准位、定好责,从公共服务的微观活动中抽出来,将具体提供事务移交给社会力量,同时对社会力量行使考核和监管职能。为增强战略方向的可操作性,政府部门有必要列出暂时不宜由社会力量承担的社会事务,其他则对社会力量全面放开。具体而言,政府职能主要体现在五个方面:一是制定并出台促进社会力量参与社会事业的相关法律法规,为民办社会事业发展奠定坚实的法律基础。二是对社会事业中的公共产品承担供给责任,并且随着经济社会发展阶段的变化,对社会公共服务项目和内容进行动态调整。三是承担提供责任,对具有供给责任的公共产品,不适合社会力量提供的,承担直接提供责任;适合社会力量提供的,通过相应形式交给社会力量提供。四是负有扶持责任,对社会力量自发提供公共产品及其他具有公益性的社会服务和产品,给予一定的相应政策扶持。五是对社会力量参与社会事业的全部行为,依法进行行政监管。

政府责任还要区分中央政府和地方政府的责任。中央政府负责制定全国性民办社会事业发展的法律法规和方针政策,监督地方政府落实相关鼓励和扶持政策,协调跨区域的利益调整。地方政府负责制定符合本地区情的政策措施和实施细则,切实履行社会公共服务的供给责任,为参与社会事业的社会力量提供实际扶持。

**2. 区分营利性和非营利性,承认并解决好合理回报问题,分类实施扶持政策**

营利性和非营利性是社会力量参与公共服务首要面临的评判标准。长期以来,公共服务由公办机构来承担,属于非营利行为,因此在向社会力量开放时,也要求社会力量必须是非营利行为。在客观实践中,越来越多的民间资本进入公共服务领域,而且以非营利性的民办非企业单位来登记注册,但不可否认的是,大多数社会办机构实际上从事着营利行为。鉴于此,促进社会力量参与公共服务,必须处理好营利性和非营利性的关系,就是要解决好合理回报问题,承认民间资本进入公共服务领域的逐利性,允许其获取合理的投资收益。社会力量参与公共服务虽然属于自愿行为,但应受到政策的支持和鼓励,根据参与主体、参与性质和盈利水平的不同分别给予相应的扶持。社会力量所受的支持力度与营利性程度呈反比,营利性程度越低,所获支持力度就越大。

**3. 公办机构承担托底功能,社会办机构满足多样化需求,实现发展格局的动态调整**

社会办机构和公办机构是公共服务领域的两大提供主体。长期以来,公办机构占据绝对主导地位,社会办机构只能处于从属地位。近年来,社会办机构的规模和比重均有所上升,但这一格局仍未发生实质性变化。当前,公共服务领域的主流或官方观点是,以公办机构为主体,以社会办机构为补充,形成公办、社会办并举的发展格局。同时,部分公共服务领域提出两者适度竞争、错位发展的发展思路。毋庸置疑,在当前经济社会发展阶段,这些提法具有一定的合理性和适应性,能够对政策实践发挥一定的指导作用。但不可否认的是,当前提法具有浓郁的阶段性色彩,而社会办机构和公办机构的关系具有较强的动态性,随着经济社会发展水平的提高,社会办机构的功能和地位都将发生大幅度变化。处理好社会办机构和公办机构的关系,就是要把握好两者关系的动态性,根据经济社会发展阶段的变化来及时调整。理想的关系模式应该是,公共服务领域以社会办机构为主,公办机构发挥保障性的托底功能,两者相互配合与协调。同时社会办机构呈现多层次发展,满足社会公众的多样化需求。

**4. 推动公办机构改革,推动社会组织发展,实现社会力量的培育和壮大**

政府和公办机构是当前公共服务的主要参与者。长期以来,政府通过公办机构来提供公共服务和推动社会事业发展,公办机构事实上成为政府决策的忠实执行者。在实施初期,这种模式能够保障政府决策尽快地付诸实践,切实提高了政策执行效率。但是随着时间的推移,这种模式的弊端逐步显现出来,政府"一言堂"、资源配置效率降低、机构臃肿等问题日益严重,同时公办机构的运营成本越来越高,迫切需要得到改革与调整。处理好政府和公办机构的关系,就是要逐步切断两者之间的裙带联系,变隶属关系为合作关系。公办机构从政府的附庸角色中彻底摆脱出来,建立起完全独立的法人,实行现代社会组织治理结构或现代企业治理结构,参与政府购买服务的竞争,接受政府的绩效评估和行政监管。行业主管部门不再直接插手公办机构的具体事务,转变为代表政府行使评估和监管职能。除资产属性存在不同外,公办机构将与社会办机构逐渐趋同。

民间资本和社会组织是社会力量的两大构成主体。当前在社会力量参与公共服务总体不足的情况下,社会组织的参与更显滞后,民间资本的参与相对活跃一些。从公共服务的本质属性来说,社会组织应该比民间资本更适合一些,社会组织的非营利性与公共服务的公益性更为契合,而民间资本的逐利性使其参与范围相对缩小。处理好民间资本和社会组织的关系,就是要逐渐提高参与公共服务的社会力量中社会组织的比重,使社会组织和民间资本在民办社会事业中合理分工、错位发展,民间资本从一些领域逐步退出来,社会组织相应填补进去。其中,关键是要推动社会组织的有序快速发展,形成有利于社会组织承担社会事务的政策氛围。

社会力量自身首先要矫正动机,将维护公共服务的公益性摆在首位,不能过于追逐盈利。在此基础上,要加强自身能力建设,把握公共服务发展趋势,增强专业化管理水平。同时要塑造诚信,树立起良好的正面形象。民办社会事业领域可以实行适度的公平竞争,进入公共服务领域的社会力量进行优胜劣汰。从社会氛围上看,全社会要对处于发展初期的民办社会事业给予鼓励和适度宽容,同时加强监督和行业自律,约束社会力量的违法违规行为,使民办社会事业更加透明、公开和公正。

## 二、社会力量参与公共服务体系建设的实施路径

### 1. 以公共服务体制改革为先导

公共服务体制改革一般是指围绕公共服务和产品的提供而进行的一系列制度创新,这是当前和今后一个时期全面深化改革的

重要方面和突破口。推进公共服务体制改革,关键要把握好三个方面:

一是要正确区分公共服务领域的"基本"与"非基本"属性。公共服务具有双重属性:其一,"事业"属性,作为公共产品由政府向全社会供给并提供,属于政府保"基本"的范畴;其二,"产业"属性,作为社会服务或产品由社会成员按需购买,属于"非基本"的范畴,需要借助社会力量来承担。公共服务体制改革总的方向是:一方面政府要加大公共财政投入,集中力量搞好基本公共服务,着力推进基本公共服务均等化,为全体公民提供基本而有保障的公共产品;另一方面在非基本公共服务领域,大力推进社会化改革,鼓励社会力量以多种方式进入公共服务领域,加快发展相关产业,增强多层次供给能力。

二是对于必须由政府提供的公共服务,也要创新服务提供方式。要围绕提高公共产品供给效率这个目的,按照不同类型公共产品的特点,加快公共服务提供方式创新。对于属于公益性范畴的基本公共服务项目,可采取两种改革路径:一种是必须由政府直接举办的,要引入市场竞争机制,强化成本核算和绩效管理,提高服务效率和服务质量;另一种是政府不再具体承办,采取出资向民间资本和社会组织购买服务的方式提供,也即"养事不养人""花钱买服务",同时鼓励和引导社会力量以多种方式参与,努力扩大公共产品供给渠道。而对于经营性公共服务项目,则需要纳入社会服务范畴,加快社会化、市场化改革步伐,放开市场准入门槛,坚决消除垄断,让各类公共服务提供者平等参与市场竞争。

三是深化事业单位改革。事业单位是不以营利为目的的社会组织,也是政府基本公共服务的主要承载者。当前,事业单位存在功能定位不清、政事不分、事企不分、运转机制不灵活、资源配置不合理等问题,严重影响了公共服务的健康发展。事业单位改革的基本思路是,按照社会功能将现有事业单位划分为主要从事公益服务、主要承担行政职能和主要从事生产经营活动三个类别,同时改革事业单位人事管理、收入分配、社会保险等方面制度和完善相关财税政策。通过改革,要建立起功能明确、治理完善、运行高效、监管有力的管理体制和运行机制,全面提高事业单位的效率与活力。

**2. 以规范和完善参与模式为依托**

　　社会力量参与公共服务的趋势将以公建民营和民办公助为主,鼓励发展民建民营模式中的非营利形式。公建民营模式下,社会力量通过部分购买、租赁、承包、受托运营等途径参与公办机构的运营管理,引入市场化机制和管理理念,提高资源利用效率,这也是促使公办机构改进公共产品提供质量、提高资源利用效率的重要途径。民办公助模式下,社会力量出资参与公共服务,全面或部分承担公共服务的提供责任,在开办建设、日常运行等环节接受政府以政府购买、补贴、补助、特许经营、税费优惠等形式给予的政策支持,这是社会力量参与公共服务的主流方向。

　　从公共服务的经办过程来看,社会力量参与公共服务可以分为参与设施建设、参与机构运行和服务提供、参与监管这三种情形。社会力量参与公共服务的设施建设中,PPP（Public Private Partnership）是主要实现形式。社会力量参与公共服务的机构运营和服务提供,可以细分为组织化参与和非组织化参与两种类型,组织化参与有"合作参与—直接提供"和"非营利组织参与—企业组织参与"两种维度,非组织化参与包括提供物资支持、人力支持和非标准化服务等。社会力量参与公共服务的监管,社会力量一方面可以实现行业自律,另一方面可以实现专业化的第三方监管。

### 3. 以信息公开和360度监督为保障

各级政府要积极推进公共服务领域的信息公开,将其作为政府信息公开的重点。通过制定《政府信息公开条例》实施细则,在法律层面解决公共服务相关信息公开与保密的界限,落实"公开是原则,不公开为例外"的要求。同时要提高政府有关部门工作人员主动公开信息的法律意识,保障广大社会公众了解民办社会事业信息的知情权。把各类信息公开纳入干部的绩效考核机制,制定可行的公共服务信息公开考核标准,强化信息公开意识。

建立完善政府公共服务信息公开的监督体系。一是人大监督,各级人大成立专门监督机构,对政府公共服务信息公开情况进行监督检查,并提出评估意见。二是民主监督,政协、民主党派、人民团体、公众可以向政府相关部门就公共服务信息公开的有关问题提出要求或建议,政府相关部门应予答复。三是媒体监督,媒体可就政府公共服务信息公开情况进行报道,提出询问与建议,政府有关行政部门应予说明与答复。

## 第四节　社会力量参与公共服务体系建设的政策举措

### 一、明确社会力量进入退出机制

鼓励民办社会事业发展,首先是要破除"铁门""玻璃门"和

"弹簧门"的障碍,使社会力量对参与公共服务这一新事物看得明白、进得来而且留得住。为充分体现"鼓励和引导社会力量进入法律法规未明确禁止进入的社会事业领域",建议对社会力量参与公共服务逐步探索实行负面清单管理。对进入公共服务领域的各类兴办主体,市场准入必须实行同等标准,优惠扶持政策必须公开透明。针对现行法律法规不完备的问题,建议各级政府、各部门要清理和修改不利于社会力量参与公共服务的法规政策规定,在制定涉及社会力量的法律、法规和政策时充分听取社会力量和行业协会的意见与建议。在此基础上,尽快制定出台《社会组织登记管理条例》等规章制度。

健全完善的进入退出机制是社会力量参与公共服务的"定心丸"。各级政府、各部门必须明确社会力量进入公共服务各领域的资质条件,全面清理整合涉及社会力量进入公共服务的行政审批事项,简化审批环节,提高审批效率。建立健全社会力量的退出标准和程序,社会力量退出公共服务领域,如果从事营利性活动,允许自由退出;如果从事非营利性活动,并享受政府相关优惠政策,在进行严格的清产核资后,允许撤走所投资产并取得合理回报。

## 二、加大对社会力量的资金支持力度

针对公共服务领域投资外部性强、规模大、周期长和收益率低等特点,社会力量急需得到外部资金支持,建议从公共财政和金融支持两个角度来提升其资金筹措能力。公共财政方面,各级政府要充分发挥财政资金的保障性和引导性作用,逐步扩大财政资金扶持社会力量参与公共服务发展的资金规模,根据社会公共服务发展需要创新财政支持方式,重点支持社会力量从事非营利性或微利活动,提高财政资金的使用效率。同时,通过政府购买、财政补贴、贷款贴息等形式,鼓励和引导社会力量参与基本公共服务生产。为规范财政资金的投入和管理,建议尽快制定中央和地方各级财政资金投入民办社会事业管理办法,创新资金投入方式和绩效考核办法,对民办社会事业在申请财政资金扶持方面予以平等对待。金融支持方面,金融监管部门要加快完善社会力量的投融资体制,加强金融机构与社会力量项目的直接对接,积极创新对社会力量参与公共服务的授信、审贷、还款模式。积极发展股权投资基金,引导和支持社会力量以各种形式参与公共服务,试点联合担保、知识产权质押等形式,为社会力量扩大融资渠道。

### 三、创新政府向社会力量购买服务机制

建立健全政府购买服务机制是引导民办社会事业起步与快速发展的重要推动力。我国要鼓励和引导社会力量以兼并、收购、参股、合作、租赁、承包等多种形式参与公共服务,积极探索社会事业服务、管理合同外包、特许经营等公私合作方式,拓宽社会力量进入渠道。公共服务要逐步实现由政府或公共部门直接生产向通过向社会力量购买服务来间接生产转变,探索将一部分建设资金转变为购买服务资金,并完善购买服务资金的使用管理。通过市场机制能够有效购买的社会公共服务,原则上政府不再安排对公办机构的新增建设投入。对于社会力量参与提供的社会公共服务,政府优先购买。进一步完善政府购买社会力量提供社会公共服务的定价机制、招投标机制、购买流程和购买服务评估机制。

承认公共服务领域存在一定的产业属性,是推动民办社会事

业发展的关键。我国要加快非国有营利性社会事业单位股份制改革,引入战略投资者,实现产权主体多元化。支持民办社会事业做大做强,壮大产业集团和品牌经营,允许其通过连锁经营、特许加盟等形式壮大规模,重点培育发展一批实力雄厚、具有较强竞争力和影响力的大型社会服务企业和企业集团。支持中小型民办社会事业单位向"专、精、特、新"方向发展,各级政府探索创新有针对性的扶持政策和办法。

### 四、落实对社会力量的各项优惠政策

除公共财政和金融支持外,税费、土地等方面的优惠政策也是民办社会事业可持续发展的重要保障。社会力量参与公共服务发展,按国家规定享受税收优惠政策,适当减免行政事业性收费,用电、用水、用气、用热实行民用价格,协调有困难的,由政府给予相应差价补贴。非营利性机构自用房产、土地免征房产税、城镇土地使用税,免征企业所得税,营利性机构享受一定税收减免优惠。对社会力量用分红和利润等再投入公共服务的投资,给予各项税收抵免。

在土地成本越来越高的背景下,土地支持对社会力量参与公共服务的重要性日益凸显。建议各地在新增用地规划中预留一定比例的公共服务用地,社会力量享有与公办机构、国有企业同等的供地待遇。非营利性公共服务用地可以划拨方式提供土地使用权,但不得擅自改变土地用途,如需变动,应依法办理用地手续。设立社会服务业发展示范园区,发挥集约效应和规模效应。鼓励社会力量将拥有使用权的土地和房屋投入公共服务,按照社会公共服务的内容和性质,分别给予不同的税费优惠和财政扶持。完

善社会力量使用国有土地和房屋的管理办法,社会力量退出公共服务领域,土地和房屋归属于拥有土地使用权的单位,不动产按照相关规定处理。

服务型政府要求政府在促进民办社会事业发展上化被动为主动,完善行政服务行为。各行业主管部门梳理社会力量进入公共服务的领域和项目,制定并公布审批流程图。建立公共服务投资信息综合服务平台,及时向社会公开发布国家产业政策、发展建设规划、市场准入标准、国内外行业动态等信息,面向社会进行信息发布和沟通交流,避免低水平重复建设。按照政府宏观管理、有关部门配合、社会力量兴办的要求,加强政府各部门的沟通协调,统筹规划,建立信息共建共享机制。各有关部门按照各自职责密切配合,依法履行监管和服务职责,完善相关制度,认真落实各项扶持政策,形成扶持社会力量参与公共服务发展的合力。

### 五、推进公共服务管理体制改革

改革公共服务管理体制尤其是公办社会服务机构管理体制,关系到民办社会事业发展的成败。明确各级政府在公共服务发展中的职责和事权划分,建立健全以地方政府为主导、统一与分级管理相结合的多层次的公共服务管理体制。推进社会事业单位分类管理,强制推进政事分开和公办社会服务机构的去行政化,建立现代社会法人制度。完善民办社会事业财会制度,财政部门完善事业单位财会制度,行业部门会同财政部门规范并统一公共服务领域不同法人类型的财会制度,建立完善的成本核算制度。鼓励社会力量向民办社会事业进行捐赠,通过非营利性的社会团体和政府部门向福利性、非营利性民办社会事业进行捐赠,允许在缴纳企业所得税和个人所得税前予以全额扣除。加强公共服务价格监管,完善公共服务成本监审办法,完善公共事业收费听证、公示和投诉制度。

社会力量参与公共服务发展,无论是营利性还是非营利性,其工作人员在职称评聘、科研立项、学术活动、评先评优等方面应当享受与公办机构、国有企业同类人员的同等待遇,促进公共服务领域人力资源的合理流动。敦促民办社会事业单位为职工缴纳各项社会保险费。建立健全志愿者机制,为民办社会事业营造良好的志愿服务氛围。将民办社会事业的人才培养纳入现代教育体系和技能提升培训体系,选择一批民办社会事业单位作为人才培训实习基地,享受与公办机构同等待遇。符合条件的民办社会事业单位的服务人员可以纳入公益性岗位开发,给予相应的岗位补贴、社会保险补贴和培训补贴。

# 第七章　国家治理现代化背景下公共服务体系的健全与完善

《中华人民共和国国民经济和社会发展第十四个五年规划和2035年远景目标纲要》明确提出,到2035年要基本实现国家治理体系和治理能力现代化,基本公共服务实现均等化,城乡区域发展差距和居民生活水平差距显著缩小,人民生活更加美好,人的全面发展、全体人民共同富裕取得更为明显的实质性进展。健全公共服务制度要做到构建理念更加明晰、制度框架更加健全、权利义务更加理顺、运行机制更加成熟,从扩大供给、完善结构、提高水平等角度综合施策施力,推动基本公共服务的均等化、标准化和法治化。"十四五"和今后一段时期,要坚持以人民为中心的发展思想,以推动高质量发展为主题,以深化供给侧结构性改革为主线,牢牢抓住人民群众最关心、最直接、最现实的利益问题,正确处理基本和非基本、政府和市场、供给和需求的关系,持续推进基本公共服务均等化,多元扩大普惠性非基本公共服务供给,推动生活性服务业高品质多样化升级,切实兜牢基本民生保障网底,稳步提升公共服务保障能力和水平,不断满足多层次公共服务需求,努力增进全体人民的获得感、幸福感和安全感,让广大人民群众共建共享改革发展成果,扎实推进共同富裕。

# 第一节　健全更加公平可及的基本公共服务制度

## 一、建立健全基本公共服务标准体系

### 1. 构建基本公共服务标准体系框架

基本公共服务标准体系作为一个系统,是由一整套相互依存、相互制约、相互协调和相互补充的基本公共服务标准按照一定规则组合而成的。根据我国现阶段基本公共服务标准化需求,厘清标准化对象,在全面梳理现有国家标准、行业标准和地方标准的基础上,突出标准体系的系统性、层次性、协调性特点,构建先进适用的基本公共服务标准总体系。根据统分结合的管理体制,在基本公共服务标准总体系的基础上,通过梳理基本公共教育、劳动就业创业、基本社会保险、基本社会服务、基本医疗卫生、基本住房保障、公共文化体育、残疾人服务等领域的服务环节和事项,构建覆盖基本公共服务各领域的分体系。

### 2. 健全基本公共服务标准体系

根据国家经济社会发展水平和供给能力,明确国家基本公共服务的内容、种类、数量和水平,以及应具备的公共服务基本条件和各级政府的保障责任,确立国家基本公共服务指导标准,明确政府保障底线,做到保障基本、统一规范。各地要根据国家指导标准,制定与当地经济社会发展水平相适应、具有地域特色的地方实施标准,逐步形成既有基本共性又有特色个性、上下衔接的标准指标体系。各行业主管部门分别制定实施基本公共服务各领域资源配置、供给模式、支持保障、绩效评价等具体标准,推动城乡、区域之间标准衔接。

## 二、供给层面增域加项扩面

### 1. 增加基本公共服务的范围领域

《国家基本公共服务体系"十二五"规划》将基本公共服务范围确定为公共教育、劳动就业服务、社会保障、基本社会服务、医疗卫生、人口计生、住房保障、公共文化等领域,《"十三五"推进基本公共服务均等化规划》基本上沿袭这一概念界定,将基本公共服务范围明确为教育、劳动就业创业、社会保险、医疗卫生、社会服务、住房保障、文化体育等领域。考虑到国民经济和社会发展形势的变化,以及广大社会公众对基本公共服务的实际需求,建议将城市生活基础设施、环境质量改善、食品药品安全纳入国家基本公共服务体系,并与公共教育、劳动就业服务、医疗卫生等领域一样,提出相应的重点任务、基本标准和保障工程,从而使基本公共服务体系更加丰满,更具系统性和完整性。

### 2. 增加基本公共服务的内容项目

从需求角度看,随着城乡居民收入水平的提高和生活质量的要求增强,人们对基本公共服务和非基本公共服务的需求都有所增加,这为增加内容项目提供了需求动力。从供给角度看,近年来各级财力都得到显著提升,财政支出结构中民生支出的比重也在不断扩大,这为增加内容项目提供了供给源泉。考虑到基本公共服务的层级属性,其内容项目的多少具有较强的刚性特征,即基本公共服务的内容项目在数量规模上只增不减,除非出现项目合并或升级等特殊情况。基于教育、劳动就业、社会保险、医疗卫生等领域的个性化发展,基本公共服务各领域并不必然平行加项,有的领域增加得多,有的领域增加得少,甚至可能不增加。加不加项,加多少项,这都取决于各领域的实际发展和需求情况。建议将高中阶段教育和学前教育纳入免费教育范畴,为家庭经济困难学生接受高等教育提供资助,将更广泛的创业扶持纳入基本公共服务范畴。

### 3. 扩大基本公共服务的受众群体

均等化是基本公共服务体系的基本理念,即让全体公民都能公平可及地获得大致均等的基本公共服务,其核心是机会均等。随着经济社会发展形势的变化,适用条件关联原则的项目有可能转为适用普遍关联原则,但这种转变通常是不可逆的。两种原则的转变,根本上就是基本公共服务受众群体覆盖面的扩大。扩面有两个层面的含义:一是从一部分群体扩大到范围更广的一部分群体,但尚未延伸至全体社会成员;二是直接从部分群体扩大到全体社会成员。前者属于条件关联原则的内部扩大,后者属于条件关联原则向普遍关联原则的转变。建议将义务教育学生营养改善计划从贫困地区农村扩大到全体农村乃至城乡全体学生,将免费中等职业教育扩大到全体学生,将职业技能培训和技能鉴定扩大到全体劳动年龄人口,将基本养老服务补贴扩大到全体失能半失能 65 岁及以上城乡居民,将住院分娩补助扩大到城乡妇女。

### 三、制度层面推进立法加强规范

健全基本公共服务制度要服务于保障和改善民生,让社会成员的生活更加体面;要服务于维护民权,让社会成员的生活更有尊严;要服务于增进民主,让社会成员的生活更加满意。基本公共服务体系要建章立制,从而使其可评估、可考核、可问责,使基本公共服务制度更加成熟定型。

#### 1. 推动基本公共服务的法制化

基本公共服务制度的健康运行离不开相关法律法规的基础性支持。无论是从基本公共服务法律的功能意义来说,还是从提高基本公共服务制度的权威性来说,抑或是考虑到部门规章带有一定的部门利益特征,研究制定并出台基本公共服务制度的专项立法将具有较强的必要性。而且经过多年来的不断调整和完善,我国基本公共服务制度在构建理念、体系建设和制度框架等方面都已经基本成型,加快推进法制建设应成为健全基本公共服务制度的重要着力点。考虑到基本公共服务制度的综合性,建议将基本公共服务领域的现有立法进行梳理总结,将其中关于基本公共服务的内容项目、覆盖对象、基本标准、重点任务和保障工程提炼出来,在此基础上研究制定基本公共服务制度的专项立法。

#### 2. 推动基本公共服务的规范化

推进政社分开,加强政社合作,政府从基本公共服务的微观活动中抽出来,将具体提供事务移交给社会力量,同时对社会力量行使考核和监管职能。政府制定并出台促进社会力量参与基本公共服务的相关法律法规，对基本公共服务中的公共产品承担供给责任，并且随着经济社会发展阶段的变化，对社会公共服务项目和内容进行动态调整，对社会力量自发提供公共产品及其他具有公益性的社会服务和产品给予一定的相应政策扶持。基本公共服务领域以社会办机构为主，公办机构发挥保障性的托底功能，两者相互配合与协调。同时社会办机构呈现多层次发展，满足社会公众的多样化需求。

### 四、建立保障待遇动态调整机制

作为满足全体公民生存和发展基本需求的保障，基本公共服务待遇由实现该项基本公共服务供给所需要的人力、财力、物力等因素来综合决定，因此通常具有不可逆性，即待遇水平一旦确定，一般情况下就只升不降。同时，基本待遇还会随着基本公共服务内容增加、物价变化和政府财力增加来进行调整，总体而言以逐步提高待遇为主基调。

《"十三五"推进基本公共服务均等化规划》确定的基本公共服务基本待遇与"十三五"时期的经济社会发展水平总体上是相适应的，既较好地体现了国家的基本公共服务供给责任，又相对充分地保障了社会公众的生存和发展需求。随着物价水平和公共服务成本的增加，为了保证基本公共服务的供给水平不降低，以资金数额为衡量指标的基本待遇理论上应该同步提高。与此同时，保障和改善民生的重要性日益凸显，公共财政尤其是新增财力向民生领域倾斜，特别是基本公共服务领域，更加坚实雄厚的财力支撑使基本公共服务的保障待遇可以得到提高。具体而言，基本公共教育领域,义务教育的生均公用经费、生活补助、营养膳食补助,以及高中阶段教育和学前教育的困难资助,均可以适度提高。社会保险领域,基础养老金和基本医疗保险的政策范围内报销比例可以提高。基本社会服务领域,城乡居民低保待遇、基本养老服务补贴和医疗救助待遇可以提高。

## 五、推进基本公共服务便利可及

### 1. 提升公共服务便民服务水平

建立健全政务数据共享协调机制,加强部门间信息共享和证明互认,通过完善信用监管、全面推进告知承诺制等方式,实施证明事项清单管理制度,推动减少各类证明事项。围绕保障和改善民生,推动更多服务事项"一窗通办""跨区通办"。坚持传统服务方式与智能化服务创新并行,切实解决老年人等特殊群众在运用智能技术方面遇到的突出困难。

### 2. 提高公共服务可及性

以服务人口和服务半径为依据科学布局公共服务资源,逐步打造"都市15分钟、乡村1.5小时"的基本公共服务圈。加强区域中心城市公共服务建设,提高城镇公共服务承载能力。在充分尊重群众意愿前提下,引导居民向区域中心城市、中小城镇适度集中居住,扩大服务规模效应,缩小空间距离,提高服务效率。

### 3. 建立主动服务机制

推动教育、医疗健康、养老、文化、体育等领域线上线下融合互动的社会服务供给体系,借助科技力量扩大服务资源覆盖范围,使公共服务供给更加便捷高效。推动教育、民政、人社、残联、医保、公安、乡村振兴等部门相关数据共享,运用大数据等现代信息技术建立困难群众主动发现机制、动态调整机制,优化服务流程,缩短办理时限,实现民生保障领域问题早发现、早干预,确保符合条件的困难群众及时得到救助。

## 第二节　构建互助融合的家庭发展制度

家庭既是社会的最基本单位,也是社会发展的重要推动力量。家庭发展既促进每个家庭成员身心发展和自我实现,又对实现经济、社会和人口的长期均衡可持续发展起着重要的基础性作用。随着经济发展和社会转型,我国家庭也发生了深刻变化。当前,我国家庭面临的挑战主要表现在:一是流动家庭和留守家庭面临突出困难,流动家庭在社会融入、子女教育等方面存在一些现实困难,留守家庭在儿童养育照顾、老人赡养、夫妻关系等方面也面临困难;二是快速老龄化给家庭养老带来压力,老人独居家庭、留守家庭等一些特殊家庭的养老问题比较突出;三是家庭发展支持政策尚不够完善,我国尚未建立以家庭为基本单位的长期家庭政策和制度安排。《中华人民共和国国民经济和社会发展第十四个五年规划和2035年远景目标纲要》提出,要加强家庭建设,构建支持家庭发展的法律政策体系,促进家庭服务多元化发展,充分发挥家庭家教家风在基层社会治理中的作用。以家庭为纽带,构建互助融合的家庭发展制度,已经成为当务之急,并被提上重要日程。

### 一、建立以养老保障和服务为主的家庭发展制度

养老保障和养老服务是应对人口老龄化的两大核心领域，前者解决老年人的晚年生活资金来源问题，为老年人生活需要提供相应的经济支持；后者解决老年人的晚年生活服务供给问题，为老年人生活需要提供相应的照顾、服务和帮助。稳定适度的养老金和便捷高效的养老服务，是保证和提升老年人晚年生活质量的关键。《中华人民共和国老年人权益保障法》提出，国家建立健全家庭养老支持政策。但是，家庭养老支持政策的具体含义是什么，如何组织实施，在此基础上如何构建更加全面综合的家庭发展制度，目前仍在研究探讨当中，尚未完全达成共识并全面推开。

基于养老保障和养老服务的突出重要性，家庭养老支持政策应该予以重点考虑和安排。为了增进家庭和谐与代际互助，同时为了缓解现行养老金替代率较低、难以保障老年人正常生活需要的压力，建议研究出台支持和鼓励子女为父母提供养老金的政策，主要思路为，有经济实力的子女通过社保经办机构为父母提供养老金资助，可以在一定金额范围内享受个人所得税税前抵扣待遇，前提条件包括子女本人已经参加养老保险并且拥有良好缴费记录、父母必须是直系亲属、提供养老金资助设定最低期限等。为了更好弘扬中华民族尊老、孝老、爱老、助老的传统美德，同时为了适应居家社区机构相协调、医养康养相结合的社会养老服务体系，建议研究出台支持和鼓励子女为父母直接提供养老服务的政策，主要思路为，鼓励子女与老年人共同生活或者就近居住，为老年人随配偶或者赡养人迁徙提供条件，为家庭成员照料老年人提供帮助，相关惠民政策安排给予重点考虑。

## 二、建立以子女抚育和教育为主的家庭发展制度

抚育和教育子女是我国家庭生活中高度关注的重点事项之一,父母都希望为子女营造良好的生活和学习环境。但在现实生活中,由于工作、地域等因素的制约,部分家庭在子女抚育和教育上面临困难或陷入困境,如0—3岁儿童照护难、双职工家庭学生接送难、留守儿童缺乏亲情关怀、流动人口子女随迁入学困难等,影响了家庭扶幼功能的发挥。

以增进家庭扶幼功能为目标,家庭发展制度要重点促进父母加大对子女抚育和教育的关注与投入,为父母更好履责提供便利和支持。建议研究出台支持和鼓励有助于子女抚育和教育的政策,主要思路为,鼓励父母为子女教育进行定向储蓄并给予税收优惠,鼓励有条件的用人单位为有需要的家庭提供亲子园服务并给父母在工作期间关照子女提供必要的便利,流入地必须为流动人口随迁子女提供相应的学位,为父母与子女交流互动尽可能提供便利空间。

## 三、建立以住房保障和安居为主的家庭发展制度

住房保障和安居是重要的民生问题,住有所居是保障和改善民生的重要目标。目前,我国已经建立起商品房、保障性住房和住房公积金相结合的住房制度体系,其中保障性住房以公共租赁住房为主。总体来看,住房保障和安居政策以家庭为单位来设计,旨在突出住房的家庭基础,强调家庭成员之间的互助、共享和分担理念,有助于增进家庭的和谐与和睦。近年来,由于房价的迅猛上涨,商品房调控政策陆续出台,但是部分政策对促进家庭和谐的作用是消极的,部分家庭为了购买两套房而不惜以离婚为代价,部分

家庭为享受保障房待遇而不惜拆分家庭,这样的实际效果与政策预期是相背离的。

以更好满足住有所居为目标,建议探索构建以住房保障和安居为主的家庭发展制度。主要思路为,在住房制度设计中更加坚定地强调家庭概念,保障性住房的享受资格必须以家庭为单位来设定,优先保障两代及以上家庭成员合住在一起的家庭,增强在保障房资格认定中的权重系数;保障性住房的面积大小根据家庭成员人数来确定,人数越多面积越大但递增幅度边际降低;允许住房公积金在直系亲属代际之间打通使用;商品房政策设计时以家庭和人均面积等因素来取代"套"的理念,倡导子女与父母合住或靠近居住。

### 四、建立以收入保障和支撑为主的家庭发展制度

收入分配既是民生之源,也是保障家庭和谐与稳定家庭功能的重要因素。2013 年国务院转发的《关于深化收入分配制度改革的若干意见》,已经在部分内容中将收入、财产和家庭适度结合起来,体现出以家庭为单位的财产收入统计、收入增加和收入困难补助等理念。但是综合来看,家庭理念在收入保障和支撑中体现得还不够,目前仍以困难家庭为主,尚未延伸到其他家庭。

以提高收入在初次分配和再分配中的功能作用为目标,建议研究出台以收入保障和支撑为主的家庭发展制度。主要思路为,夫妻双方只有一人就业的,就业一方在缴纳个人所得税时可以享受一定税收减免,考虑因素包括照顾家庭、子女就学等方面;夫妻双方只有一人就业的,就业一方为配偶参加养老保险、医疗保险提供缴费支持,可以在一定范围内享受税收减免,前提是就业一方已

经按照规定参加社会保险并缴费、家庭收入缴纳养老保险费和医疗保险费后仍能满足基本生活需要等;未来个人所得税改革,也要充分考虑家庭因素,适当增加以增强家庭互助互济功能为导向的抵扣项,通过收入保障和支撑来更好促进家庭发展。

## 第三节　构建个人资源互通的综合保障制度

个人是民生领域最基本的单元,大多数民生制度主要是基于个人来设计和实施的。民生包括教育、医疗卫生、劳动就业、社会保障、基本社会服务等领域,不同领域的制度设计不仅遵循民生建设的一般性规律,而且兼顾自身领域的个性化特点,但是均基于相应的资源配置,同时致力于提升有限资源的利用效率。

### 一、建立个人账户权益代内互通制度

为鼓励和激发个人为自身民生权益进行储蓄积累,部分民生领域引入个人账户制度,个人账户缴费享受个人所得税的税前抵扣待遇,并且实行专户管理、专款专用。目前,我国民生领域实行个人账户制的主要有养老金、住房公积金和医疗保险等,其中,养老金包括城镇职工基本养老金、城乡居民基本养老金、机关事业单位基本养老金等,医疗保险主要为城镇职工基本医疗保险。由于城乡居民基本养老金个人账户金额比较小,城镇职工基本医疗保险个人账户实际结余额不多,因此,个人账户制养老金主要为城镇职工基本养老金和机关事业单位基本养老金。当前,机关事业单位基本养老金实施时间比较短,个人账户积累额较小,结余较多的

个人账户制养老金主要是城镇职工基本养老金。养老金和住房公积金均以个人工资为缴费基数,前者为年轻时缴费,退休后领取;后者为工作时缴费,购买住房、租赁住房和住房装修时使用。两项个人账户资金的使用条件不一样,并且账户实行封闭运行和有限投资管理。

基于养老金和住房公积金个人账户的积累金额相对较大,现行管理体制下资金收益率较低,甚至有实际贬值的风险,为提高个人账户资金的利用效率,建议研究出台个人账户权益代内互通制度。主要思路为,养老金个人账户基金与住房公积金可以打通使用,并设定相应的基准年龄;基准年龄前,个人在购买住房和租房时,如果住房公积金支取后仍有资金缺口,允许提取养老金个人账户资金进行补缺,所提取金额将在基准年龄后缴纳的住房公积金中优先划扣回去;基准年龄后,养老金个人账户资金不再被允许提取并用于住房需要,必须全额用于养老金支付需要。这项制度设计的关键点在于,基准年龄的确定,过小不利于养老金个人账户资金对住房公积金补充功能的实现,过大则存在削弱个人账户养老金养老保障这一本职功能的发挥。值得注意的是,当前很多地区的养老金个人账户"空账"运行,是否做实还存在一定争议,同时因为使用效率不高、公平性不够使住房公积金的继续存在备受质疑,个人账户权益代内互通制度的实际效果将会受到很大影响。

## 二、健全个人权益资源可携带制度

根据享有者是否具有定向性,民生权益资源分为公共权益资源和个人权益资源,前者针对全体城乡居民,具有普惠性,后者针对特定对象个人,具有定向性。个人权益资源本质上属于私人物品,个人享有所有权和支配权,我国现行民生制度下主要体现为社会保障权益,同时教育、就业服务和医疗卫生领域也不同程度地存在。

为更好保障个人权益的有效获取,建议研究出台个人权益资源可携带制度。主要思路为,养老保险基金随个人流动全额转移,包括社会统筹部分和个人账户部分,社会统筹部分按实际缴费率倒算出缴费金额,并参照个人账户基金的记账利率来核算增值部分;医疗保险和新农合的异地就医结算加快推开,扩大就医机构的选择范围和报销比例;城镇职工退休后在流入地常住,其医疗保险关系应该转移到流入地;探索实行教育券制度,教育券随着适龄学生的流动而发生转移。

## 第四节 健全公共服务的政策体系

### 一、推进基本公共服务法制化建设

当前我国尚未制定针对基本公共服务的专项立法,有关基本公共服务的部分内容散见于《义务教育法》《社会保险法》等法律,以及相关条例和政策性文件,从而使基本公共服务缺乏应有的规范性和严肃性。健全国家基本公共服务体系要求切实做到有法可依和有法必依。立法规定既不能太粗放,也不能过于具体,考虑到国家基本公共服务体系在具体操作层面还需要进一步调整。同时需要注意的是,加强国家基本公共服务制度的普及宣传也非常重要,这需要政府、社会和个人的共同努力。政府需要将与基本公共服务有关的各项法律法规整理出来,并随时为公众提供咨询服务,制度调整和新政策的出台要及时告知公众,并对调整作出合理性解释,以最大限度地满足公众对基本公共服务制度相关信息的知情权的实现。社会应积极主动配合政府的政策宣传,能够解决公众在具体操作环节上的困惑,并参与做好基本公共服务的提供。个人应积极主动地熟悉基本公共服务制度,特别是其中个人权利和义务相关的规定,从而能够正确理解和把握国家基本公共服务制度。

## 二、促进城乡基本公共服务均等化

### 1. 加强城乡基本公共服务规划一体化

加强统筹规划和政策引导,编制并发布实施基本公共服务均等化规划,制定和完善促进基本公共服务均等化的一系列配套政策,强化政策之间的协调整合。贯彻区域覆盖、制度统筹的原则要求,以服务半径、服务人口为基本依据,打破城乡界限,统筹空间布局,制定实施城乡统一的基本公共服务设施配置和建设标准,重点保障义务教育、公共卫生与基本医疗服务、公共文化和基本社会保障。

### 2. 加强城乡基本公共服务制度衔接与整合

从城乡制度统一入手实现基本公共服务均等化,加快形成惠及全民的基本公共服务体系。加快建立制度统一、覆盖城乡居民的社会保障体系,建立统一规范的人力资源市场,建立覆盖城乡居民的公共卫生体系、医疗服务体系、医疗保障体系和药品供应体系,促进城乡教育、医疗卫生、文化等事业均衡发展。进一步完善农村义务教育经费保障机制,逐步提高城乡居民医疗保障水平和农村最低生活保障标准,健全城市支援农村公共服务建设的长效机制,促进城乡公共服务制度有效衔接和资源公平配置。

### 3. 加大农村基本公共服务支持力度

进一步加大公共资源向农村倾斜力度,新增预算内固定资产投资要优先投向农村基本公共服务项目。制定并推行各类机构服务项目及其规范标准,提高农村基层公共服务人员专业化水平。鼓励和引导城市优质公共服务资源向农村延伸,包括充分利用信息技术和流动服务等手段,促进农村共享城市优质公共服务资源。

### 4. 健全以流入地为主的流动人口基本公共服务制度

加快建立农民工等流动人口基本公共服务制度,逐步实现基本公共服务由户籍人口向常住人口扩展。结合户籍管理制度改革和完善农村土地管理制度,逐步将基本公共服务领域各项法律法规和政策与户口性质相脱离,保障符合条件的外来人口与本地居民平等享有基本公共服务。积极探索多种有效方式,对符合条件的农民工及其子女,分阶段、有重点地纳入居住地基本公共服务保障范围。

### 三、促进区域基本公共服务均等化

### 1. 落实主体功能区基本公共服务政策

以推进主体功能形成为出发点,以实现全国基本公共服务均等化为最终目标,针对不同类型主体功能区的政策作用重点,分阶段、分步骤稳步推进。近期以有利于主体功能形成的基本公共服务为推进重点,长期再逐步提高不同主体功能区的基本公共服务层次。就推进重点而言,优化开发区侧重于有序吸纳人口集聚,逐步消除城乡居民之间、本地居民与外来居民之间所享受基本公共服务的差异;重点开发区侧重加大基本公共服务投入,优化基本公共服务布局,完善基本公共服务体系建设,努力增强本区域人口吸纳能力;限制和禁止开发区优先提供有利于人口外迁的基本公共服务,依靠转移支付努力在集中居住区建立起具有较高水平的基本公共服务体系,促进本地居民向集中区集聚。就推进层次而言,先从浅层次的均等化入手,即硬件的标准化,通过统一建设标准化的各类基本公共服务设施,努力缩小城乡和区域之间基本公共服务差距;在此基础上,再推进基本公共服务制度的标准化,即通过统一城乡、区域之间基本公共服务制度,努力缩小同一个区域内城乡以及不同户籍之间基本公共服务差异,逐步统一不同区域的基本公共服务制度,实现基本公共服务跨区域的一体化;最后是要实现最高层次的均等化,即基本公共服务质量的均等化,使不同区域的居民都可以享受到相同质量的基本公共服务。

## 2. 加大欠发达地区基本公共服务支持力度

加大对革命老区、民族地区、边疆地区和集中连片特殊困难地区的基本公共服务财政投入和公共资源配置力度,政府基本公共服务投资项目优先向这些地区倾斜。鼓励发达地区采用定向援助、对口支援和对口帮扶等多种形式,支持这些地区发展基本公共服务,并形成长效机制。

### 3. 建立健全区域基本公共服务均等化协调机制

加强各级政府和各部门之间的磋商协调,保持区域间基本公共服务范围和标准基本一致,推动相关制度和规则衔接,做好投资、财税、产业、土地和人口等政策的配套协调。健全地方政府为主、统一与分级相结合的公共服务管理体制,着力加强省级政府推进省域内基本公共服务均等化的统筹职能。适应区域一体化发展要求,完善现有各类区域协调机制,强化其促进区域内基本公共服务协作、资源共享、制度对接作用。

## 四、加强基本公共服务均等化的财力保障

### 1. 明确各级政府之间基本公共服务财权事权

综合考虑法律规定、受益范围、成本效率、基层优先等因素,合理界定中央政府与地方政府的基本公共服务事权和支出责任,建立由中央和地方各级政府分类别、按比例合理负担基本公共服务的机制。中央政府主要负责制定国家基本公共服务标准和政策法规,提供涉及中央事权的基本公共服务,协调跨省(自治区、直辖市)的基本公共服务问题,以及对各省级政府提供的基本公共服务进行监督、考核与问责。按照国家统一制度框架,省级政府主要负责制定本地区基本公共服务标准和地方政策法规,提供涉及地方事权的基本公共服务,以及对市级和县级政府提供的基本公共服务进行监督、考核与问责。市级和县级政府具体负责本地基本公共服务的提供以及对基本公共服务机构的监管。逐步将适合更高一级政府承担的事权和支出责任上移,增加中央和省级政府在

基本公共服务领域的事权和支出责任。强化省级政府在教育、就业、社会保险、社会服务、医疗卫生等领域基本公共服务的支出责任。

### 2. 完善转移支付制度

在明确划分各级政府基本公共服务事权和支出责任的基础上，逐步做到属于地方政府事务，其自有收入不能满足支出需求的，中央财政原则上通过一般性转移支付给予补助；属于中央委托事务，中央财政通过专项转移支付足额安排资金；属于中央、地方共同事务，明确各自支出的分担比例。增加一般性转移支付特别是均衡性转移支付规模和比例，加大对中西部地区转移支付力度，优先弥补禁止开发区和限制开发区的收支缺口。规范专项转移支付，充分发挥专项转移支付资金促进基本公共服务均等化的积极作用。充分发挥省级财政转移支付有效调节省内基本公共服务财力差距的功能。已实施省直管县财政改革的地区，省级政府要根据本地区实际情况，加大对县级政府的转移支付力度。没有实施省直管县财政改革的地区，省、市级政府要采取多种方式，增加对县级政府的转移支付。

### 3. 健全财力保障机制

完善公共财政预算，优化财政支出结构。各级政府要优先安排预算用于基本公共服务，并确保增长幅度与财力的增长相匹配、同基本公共服务需求相适应，推进实施按照地区常住人口安排基本公共服务支出。加快构建以政府为主导、充分体现社会公平的再分配调节机制。拓宽基本公共服务资金来源。继续安排中央资金,支持贫困地区和薄弱环节提高基本公共服务能力,地方各级政府特别是省级政府要安排相应资金。充分利用国际金融组织贷款等有效融资形式,拓宽政府筹资渠道,增加基本公共服务基础设施投入。加大国有资本经营预算用于基本公共服务的支出比重。扩大全国社会保障基金规模。提高县级财政保障基本公共服务能力。中央财政制定县级基本公共服务财力保障范围和保障标准,并根据相关政策和因素变化情况动态调整。省、市级财政要按照本行政区划内基本公共服务均等化的要求,逐步提高县级财政在省以下财力分配中的比重,帮助困难县(市、区)弥补基本财力缺口。县级政府要强化自我约束,科学统筹财力,规范预算管理。中央财政要完善县级财政保障基本公共服务的激励约束机制,根据基层工作实绩实施奖励。

## 五、完善基本公共服务发展的宏观调控体系

政府要综合运用经济、法律和行政等手段实现公共服务宏观调控目标,更多地采用财税政策、金融政策和投资政策等措施,提高公共服务发展的宏观调控能力,搞好经济社会发展综合平衡。国家基本公共服务体系规划是公共服务发展的战略蓝图,可以有效避免公共服务发展的无序,从而提高公共服务资源的利用效率。健全国家基本公共服务体系要求,积极推进基本公共服务领域重大规划的制定与实施,发挥规划的引导和龙头带动作用,促进人才、文化、卫生、体育等重大资源规划布局和协调发展。同时为了提高基本公共服务体系规划的实施效果,政府应建立基本公共服务体系规划实施监督和评估制度。

强化政府基本公共服务职能。以 GDP 为核心的考核机制促

使地方政府在市场化等方面展开竞争,同时也为招商引资在基础设施建设等有形政绩方面展开竞争,但对于教育和医疗这类软性公共物品,由于不能对 GDP 产生立竿见影的效果,且具有较大的外部性,地方政府并没有足够的激励来提供,反而会甩包袱式地交给市场。因此,在分权式改革下,这种以经济总量为导向的中央地方关系,会弱化地方政府提供公共服务的激励,导致政府公共服务职能缺位,在部分公共服务提供方面反而更容易出现政府失灵。如果前期改革主要运用了"用脚投票"机制,促使地方政府为追求GDP 和吸引内外资而展开了竞争,下一步促进均等化就应当强化地方政府履行基本公共服务职责,打破 GDP 政绩观,建立符合科学发展的政绩考核指标体系,重点就是加强基本公共服务均等化情况的考核,把基本公共服务数量和质量指标纳入政府绩效考核体系,并逐步增加其权重。

## 六、优化基本公共服务领域的资源配置

### 1. 优化公共服务资源配置

虽然公共服务发展相对滞后,但公共服务发展存在较为严重的资源配置不合理、条块分割、分布不均等问题,这不利于基本公共服务均等化的有效实现。健全国家基本公共服务体系要求,各级政府要合理配置基本公共服务财政性资源,统筹协调,盘活存量,优化增量,有效整合公共服务资源。尤其是要统筹城乡基本公共服务资源配置,推进城乡基本公共服务一体化规划、建设和运营管理,促进城乡基本公共服务共建共享,努力避免城乡差距因基本公共服务非均等化而出现的代际转移。在基本公共服务资源合理

配置的同时,政府要协调处理好基本公共服务的软硬件建设,特别要加强软件建设,实现基础设施建设与完善运行机制同步推进。

### 2. 推动公共服务向基层下沉

强化基层资源供给。加大对基层服务管理的基础设施建设投入,优化服务产品供给机制,提高基层服务供给能力,集中人财物资源下沉,拓展社区公共服务管理职能,提升社区工作者治理能力,采取上下联动、纵横协调的方式,确保公共服务沉得下、立得住、推得开,不断提升人民群众对公共服务的满意度。优化基层服务审批。在整合基层行政审批和公共服务职责基础上,加强街道(乡镇)、社区(村)综合服务机构与服务平台建设,充分发挥综合便民服务作用。明确工作职责和业务流程,制定赋权清单,有计划、有重点、分层次、分阶段、多形式地组织实施培训,成熟一批、赋予一批,确保下放权力放得下、接得住、管得好。

## 七、健全基本公共服务人才支撑

### 1. 加强人才资源规划

突出人才资源规划在基本公共服务体系建设中的重要性,将其列入基本公共服务领域各级行业部门的工作安排。尊重人才资源开发的一般规律和行业特点,各领域制定人才资源规划时要充分体现出相应的灵活性。第一,各级政府在制定基本公共服务体系规划时应对基本公共服务人才进行专门阐述,提出总体要求、发展目标和基本思路。第二,各行业部门在制定本领域发展规划时应突出基本公共服务人才的表述,包括人才需求、待遇报酬、体制机制和职业发展等,激发人才服务的积极性和能动性。在制定人才资源规划时,必须摸清现有人才底数,并结合人才需求,相应制定存量调整和增量优化的方案。

## 2. 优化人才配置结构

突出解决人才结构失衡问题的紧迫性,从城乡、岗位和技术等角度来加以优化。城乡结构方面,以城乡常住人口为基数,结合行政区划、服务半径、辐射能力等因素,对基本公共服务人才的分布结构进行优化调整,要与城镇化发展趋势相适应。农村地区人口规模相对分散,人才配置时要适当倾斜。岗位结构方面,适度压缩纯粹从事行政管理工作的人员比重,提高提供专业技术服务等实际业务工作的人员比重,考虑增加双肩挑人才的比例。技术结构方面,通过定向培养、提高待遇等多种方式,鼓励更多学生选择相对冷门专业,鼓励更多毕业生选择目前就业意愿较低的岗位,鼓励这些专业和岗位的人才热衷于本职工作。教育领域,加大对体育、美术等科目教师的培养和培训,提高中等职业教育中双师型教师的比重。医疗卫生领域,加大对儿科、妇产科、病理科等学科的投入力度,尽快使这些学科发展壮大起来。

## 3. 提升人才综合素质

提升人才综合素质既要提高学历水平,也要提高专业技能。一是进一步提高学历合格达标率。针对基本公共服务供给岗位的任职要求,新入职的基本公共服务人才的学历必须符合标准,同时通过在职学习等途径,提高现有基本公共服务人才的学历水平,逐步提升整体学历合格达标率。提高学历合格达标率要分类实施,学历合格达标率已经较高的基本公共服务单位,要对未达标人员进行摸底排查,制定出细化的达标措施。学历合格达标率较低的基本公共服务单位,要制定出系统化的达标行动方案。二是进一步提高专业技能水平。结合行业发展趋势和信息手段等新技术应用,加大在岗学习、脱产学习、集中培训等途径的实施力度,尤其是重视远程教育培训的推广应用,加强现有基本公共服务人才的专业技能提升。

### 4. 推进体制机制改革

以全面深化改革为契机,大力推进基本公共服务人才的体制机制改革。一是深入推进事业单位管理体制改革,学校、医院、就业服务机构、社保经办机构、文化服务机构、体育服务机构、养老服务机构等事业单位去行政化,建立起完全独立的法人治理结构,摆脱对行业管理部门的组织依附。二是健全编制管理制度,按照服务对象规模变化等因素的变化来对人员总量进行适时调整,同时逐步剥离与编制相关联的经费核定等管理办法,增强基本公共服务人才编制管理的灵活性和适应性。三是健全基本公共服务人才任用制度,根据绩效考核结果来决定人才的岗位匹配,对不合格人员组织业务培训,培训合格后再上岗,如果仍不能满足岗位需要,考虑对其进行转岗或其他安置渠道。四是健全职称管理制度,淡化职称在待遇报酬和职业发展的关键性作用,增强技能素质、服务期限和敬业态度等因素的权重,使职称管理回归到正常作用轨道。

### 5. 夯实基层人才队伍

基本公共服务均等化的重点之一是基层服务,基层人才是关键。要培养一批有志于扎根基层的人才队伍,在工作环境、待遇报酬、教育培训等方面要加大保障支持力度。对于西部地区、农村地区,尤其要加大财政投入。长期来看,要使基层人才队伍能够安心服务,并且稳得住。短期来看,对代课教师、赤脚医生等人员要尽快健全保障管理制度,妥善处理好新老人员的更替。对于由基层干部兼任的基本公共服务人才,既要承认其存在的合理性,给予适当报酬来补偿额外工作付出,同时为了保证服务质量,也不能过度鼓励这种兼职行为。

## 八、推进公共服务信息化建设

### 1. 推进公共服务资源便利共享

加强统筹规划和顶层设计,结合政务信息整合,组织整合公共服务数据资源,搭建公共服务数据资源共享平台,完善基础信息资源和民生领域信息资源建设,提升公共服务信息获取的便利性。引导各地统筹本地区各类公共服务资源,结合地区居民分布和服务半径,打造综合性的服务网点,推出"线上+线下"的公共服务平台和服务设施地图,方便人民群众就近获取公共服务。

### 2. 深化民生领域政务信息化建设

整合集中政务数据资源,持续构建实体政务大厅、网上办事大厅、移动客户端、自主终端等多种形式相结合、相统一的公共服务平台,提升公共服务智能化水平。深化民生领域场景应用,全面推行"一网通办""一网统管",持续将具备条件的服务事项纳入公共服务平台,促进公共服务事项办理便利化。完善公共服务政务平台建设,搭载公共服务需求反馈模块,实时掌握民生诉求,及时呼应人民群众期待。

### 3. 推动公共服务数据开放共享

加强公共服务基础信息资源集中采集、推进各级各类公共服务平台互联互通,实现公共服务信息资讯共享互换。结合国家一体化大数据中心建设,以数据集中和共享为途径,推进技术融合、业务融合、数据融合,逐步形成统筹利用、统一接入的数据共享大平台,有效推动政、企数据流通融合,助力政府决策科学化、社会治理精准化、公共服务高效化,深入释放数据价值。

### 4. 加强数字技术应用

公共服务资源经过数字化转型,将催生出一批互联网医院、数字图书馆、数字文化馆、虚拟博物馆、虚拟体育场馆、慕课等,产生倍增效应,从而带来优质资源的放大利用和共享复用。数字技术应用能够更好地促进公共服务领域数据信息的开放与共享,推动政府和社会的协调与合作,提升数据资源的利用效率。要积极推进学校、医院、养老机构、公共文化体育场馆、社区等公共服务主体的信息化建设,拓展管理与服务的智慧化应用。通过互联网、大数据、人工智能等多种技术和模式,扩大教育、医疗健康、养老育幼等领域相对有限资源的服务范围,改进资源供需的匹配程度,提高单位资源的利用效率。数字技术发展培育壮大了公共服务的新产品和新业态,大数据、云计算、人工智能、物联网等新一代信息技术在公共服务领域集成应用,新型穿戴设备、智能终端、服务机器人、在

线服务平台、虚拟现实、增强现实等产品和服务不断涌现,同步课堂、远程手术指导、沉浸式运动、数字艺术等智能化交互式创新层出不穷,引领带动数字创意、智慧医疗、智慧文化、智能体育、智慧养老等新业态快速发展。

# 参考文献

1. 蔡昉:《用以人民为中心的发展思想破解民生领域难题》,《劳动经济研究》2016 年第 3 期。

2. 蔡灵跃、钟士取:《引导民间资本进入社会事业及公共设施建设的机制探索》,《浙江金融》2008 年第 2 期。

3. 蔡秀云:《社会基本公共服务均等化标准探析》,《经济研究参考》2011 年第 22 期。

4. 曾红颖等:《基本公共服务均等化标准与阶段性目标研究》,中国计划出版社 2013 年版。

5. 陈刚:《我国西部地区城乡基本公共服务均等化问题探析》,《经济与社会发展》2014 年第 5 期。

6. 陈力丹:《坚持以人民为中心的工作导向做好政务舆情回应的指导思想》,《中国党政干部论坛》2016 年第 9 期。

7. 陈伟、白彦:《城乡一体化进程中的政府基本公共服务标准化》,《政治学研究》2013 年第 1 期。

8. 陈蕴韵:《提升社会治理与公共服务标准化的对策与建议》,《中国标准化》2017 年第 11 期(下)。

9. 丛书编写组编:《加强社会公共服务体系建设》,中国市场出版社 2020 年版。

10. 崔正、王勇、魏中龙:《政府购买服务与社会组织发展的互动关系研究》,《中国行政管理》2012 年第 8 期。

11. 邓国胜:《民办非企业单位与中国社会事业的发展》,《学会》2005 年第 12 期。

12. 邓剑伟、陆京澜、杨添安、孙杨杰:《英国、美国与南非公共服务标准化建设的比较》,《北京理工大学学报(社会科学版)》2018 年第 1 期。

13. 丁元竹:《我国基本公共服务均等化过程中标准建设问题》,《甘肃理论学刊》2008 年第 3 期。

14. 何磊、王艳:《西部地区实现城乡基本公共服务均等化的制约因素分析》,《发展研究》2011 年第 5 期。

15. 洪大用:《关于加快社会事业发展若干问题的思考》,《教学与研究》2006 年第 12 期。

16. 淮建军、刘新梅:《公共服务研究:文献综述》,《中国行政管理》2007 年第 7 期。

17. 纪国刚:《改革社会事业投资方式提高社会经济效益》,《国家行政学院学报》2005 年第 3 期。

18. 姜淑萍:《"以人民为中心的发展思想"的深刻内涵和重大意义》,《党的文献》2016 年第 6 期。

19. 蒋金富:《政府向社会组织购买公共服务的中西方模式比较研究》,《湖北社会科学》2012 年第 4 期。

20. 李丹、裴育:《均衡性转移支付能促进贫困地区基本公共服务供给吗——基于国定扶贫县的实证研究》,《财贸研究》2016

年第 3 期。

21. 李培林:《着力解决全面建成小康社会的民生短板》,《求是》2015 年第 7 期。

22. 李强:《对社会事业领域"管办分离"改革的思考》,《中国党政干部论坛》2009 年第 3 期。

23. 李爽:《当前社会事业体制改革需要关注和解决的主要问题》,《宏观经济研究》2005 年第 9 期。

24. 李霄锋:《论基本公共服务的标准化》,《中共云南省委党校学报》2015 年第 16 卷第 5 期。

25. 李艳丽、乔传福:《社会事业产业化进程研究综述与实际测算》,《经济学动态》2011 年第 2 期。

26. 李艳霞:《贫困地区基本公共服务均等化的政策保障分析》,《教育教学论坛》2017 年第 28 期。

27. 李振海、任宗哲:《西部地区基本公共服务均等化:现状、制度设计和路径选择》,《西北大学学报(哲学社会科学版)》2011 年第 1 期。

28. 梁建春、向红:《关于我国民生评价指标体系的选择》,《前沿》2011 年第 23 期。

29. 刘斌、余兴厚、罗二芳:《西部地区基本公共服务均等化状况研究》,《重庆社会主义学院学报》2010 年第 2 期。

30. 刘国恩:《鼓励社会力量办医将演绎医改新局》,《中国医药科学》2011 年第 5 期。

31. 刘立峰、王元京:《社会事业筹资机制研究》,《中国投资》2008 年第 2 期。

32. 刘敏:《促进贫困地区基本公共服务均等化的思考》,《中国国情国力》2017 年第 4 期。

33. 刘洋、王磊、刘暄：《民间资本办医影响因素探讨》，《卫生经济研究》2011 年第 6 期。

34. 刘宇南、常铁威、薛元：《对社会事业发展协调性问题的认识和建议》，《宏观经济管理》2009 年第 1 期。

35. 吕新发：《我国基本公共服务均等化的标准设计》，《改革与战略》2011 年第 4 期。

36. 钱春燕：《鼓励民间资本进入社会事业领域》，《浙江经济》2012 年第 10 期。

37. 容志等：《公共服务需求分析：理论与实践的逻辑》，人民出版社 2019 年版。

38. 宋晓梧主编、邢伟副主编：《新中国社会保障和民生发展 70 年》，人民出版社 2019 年版。

39. 宋晓梧主编：《"十三五"时期我国社会保障制度重大问题研究》，中国劳动社会保障出版社 2016 年版。

40. 宋晓梧主编：《构建共享型社会——中国社会体制改革 40 年》，广东经济出版社 2017 年版。

41. 宋晓梧主编：《社会发展转型战略》，学习出版社、海南出版社 2012 年版。

42. 宋晓梧主编：《中国社会体制改革 30 年回顾与展望》，人民出版社 2008 年版。

43. 苏明、贾西津、孙洁、韩俊魁：《中国政府购买公共服务研究》，《财政研究》2010 年第 1 期。

44. 弯海川：《加快推进西部地区基本公共服务均等化的思考》，《经济研究参考》2010 年第 31 期。

45. 王国华、温来成：《基本公共服务标准化：政府统筹城乡发展的一种可行性选择》，《财贸经济》2008 年第 3 期。

46. 王名、乐园：《中国民间组织参与公共服务购买的模式分析》，《中共浙江省委党校学报》2008 年第 4 期。

47. 王茜：《西部地区基本公共服务均等化浅析》，《社科纵横（新理论版）》2010 年第 4 期。

48. 王涛：《中国特色社会主义民生建设研究》，中国社会科学出版社 2011 年版。

49. 谢来位：《公共服务协同供给的制度创新研究》，中国社会科学出版社 2019 年版。

50. 邢伟：《"十三五"时期健全国家基本公共服务体系的总体思路》，《宏观经济管理》2015 年第 2 期。

51. 邢伟：《城镇化进程中加快推进社会保障制度衔接与整合》，《中国发展观察》2013 年第 5 期。

52. 邢伟：《公共服务分类供给的机制设计和对策建议》，《宏观经济管理》2016 年第 5 期。

53. 邢伟：《民办社会事业发展的困局和思考》，《中国发展观察》2014 年第 8 期。

54. 邢伟：《民间资本参与社会事业的主要障碍和对策建议》，《宏观经济管理》2012 年第 5 期。

55. 邢伟：《社会事业也要转变发展方式》，《新华文摘》2012 年第 18 期。

56. 邢伟：《以标准化促公共服务均等化》，《经济日报》2019 年 2 月 20 日第 7 版。

57. 徐爱华：《区分公益性和非公益性分类完善社会事业发展

政策——以上海市社会事业为例探讨》,《中国经贸导刊》2010 年第 16 期。

58. 薛澜、邓国胜:《鼓励社会力量兴办公益构建公益服务新格局》,《学会》2012 年第 11 期。

59. 杨宝:《政府购买公共服务模式的比较及解释——一项制度转型研究》,《中国行政管理》2011 年第 3 期。

60. 郁建兴、秦上人:《论基本公共服务的标准化》,《中国行政管理》2015 年第 4 期。

61. 张翼:《民生福祉是一切工作的出发点和落脚点》,《中国发展观察》2016 年第 23 期。

62. 张占斌:《全面建成小康社会:衡量标准与科学内涵》,《学术前沿》2016 年 9 月(下)。

63. 赵子建:《公共服务供给方式研究述评》,《中共天津市委党校学报》2009 年第 1 期。

64. 朱之鑫:《把握难得战略机遇全面加快社会事业发展》,《宏观经济管理》2011 年第 4 期。